Une Info par Jour

JOHNNY HALLYDAY

Hugo Image

CRÉDITS PHOTOGRAPHIQUES

Toutes les photographies suivantes proviennent de chez Universal music.

Couverture : © Jacques Aubert

Janvier :
3 janvier : © Jacques Aubert ;
15 janvier : © Jacques Aubert ;
23 janvier : © Ellen Von Unwerth / H&K ;
26 janvier : © Jacques Aubert

Février :
6 février : © Jacques Aubert ;
13 février : © William Sitruk ;
14 février : © William Sitruk ;
18 février : © Patrick Bertrand ;
26 février : © Jacques Aubert

Mars :
7 mars : © Jacques Aubert ;
9 mars : © Stan Wiezniak ;
16 mars : © Tony Frank

Avril :
8 avril : © Jacques Aubert ;
15 avril : © Jacques Aubert ;
23 avril : © Claude Delorme ;
29 avril : © Raymond Bounon

Mai :
4 mai : © Michel Leclercq ;
9 mai : © Jacques Aubert ;
12 mai : © Jacques Aubert ;
25 mai : © Ellen Von Unwerth / H&K

Juin :
4 juin : © Jacques Aubert ;
29 juin : © Claude Delorme

Juillet :
5 juillet : © Jacques Aubert ;
12 juillet : © Claude Delorme ;
19 juillet : © Jacques Aubert ;
28 juillet : © Stan Wiezniak

Août :
2 août : © Jacques Aubert ;
10 août : © Jacques Aubert ;
23 août : © Stan Wiezniak ;
27 août : © Jacques Aubert

Septembre :
11 septembre : © William Sitruk;
13 septembre : © Jacques Aubert ;
25 septembre : © Tony Frank ;
27 septembre : © Claude Delorme ;
30 septembre : © Claude Delorme

Octobre :
12 octobre : © Jacques Aubert ;
17 octobre : © Jacques Aubert ;
29 octobre : © Jacques Aubert

Novembre :
2 novembre : © Jacques Aubert ;
18 novembre : © Stan Wiezniak ;
22 novembre : © Ellen Von Unwerth / H&K ;
29 novembre : © Jacques Aubert

Décembre :
11 décembre : © Jacques Aubert ;
23 décembre : © Stan Wiezniak ;
26 décembre : © Stan Wiezniak ;
30 décembre : © Stan Wiezniak

Illustrations : Freepik.com

Ouvrage dirigé par Florence Pierron-Boursot
Mise en pages : Olivier Déduit

34-36, rue La Pérouse
75116 Paris
www.hugoetcie.fr

ISBN : 9782755683882
Dépôt légal : octobre 2020
Imprimé en Chine

Adulé par son public pour son charisme et sa présence scénique, Johnny Hallyday s'est imposé comme le seul vrai rocker français. Il aura marqué plusieurs générations à travers son immense répertoire et ses concerts d'anthologie. Johnny occupe une place privilégiée dans notre cœur. Au fil des années, son histoire fusionne avec notre histoire. Il y a forcément une chanson de Johnny qui nous rappelle un être aimé, un événement…

On a tous quelque chose de Johnny.

Pour toujours.

Johnny signe chez Vogue son premier contrat avec une maison de disque.

1er
JANVIER

1960

☀ 8h44 ☀ 17h04

Jour de l'an

Une Info par Jour

JOHNNY HALLYDAY

Johnny Hallyday
rentre dans Le Petit Larousse.

2
JANVIER
8 h 44 17 h 05
St Basile

1986

Une Info par Jour

JOHNNY HALLYDAY

3
JANVIER

☀ 8 h 44 ☀ 17 h 06

Épiphanie

Une Info par Jour

JOHNNY HALLYDAY

Johnny Hallyday signe un nouveau contrat avec la société Warner Music.

4
JANVIER

2006

8 h 44 · 17 h 07

St Odilon

Une Info par Jour

JOHNNY HALLYDAY

Comment Johnny est-il arrivé au Stade de France, en 1998, au début de ses trois concerts ?

Dans un hélicoptère, piloté par Michel Drucker

5
JANVIER

8 h 44 — 17 h 09

St Édouard

Une Info par Jour

JOHNNY HALLYDAY

Au printemps 1960, Johnny se produit en première partie de Sacha Distel.

6
JANVIER
8h44 17h10
Ste Mélaine

Une Info par Jour

JOHNNY HALLYDAY

Si on chantait ?
Complétez les paroles :

« Et j'ai trouvé au moment où je n'avais plus d'espoir. Ma religion dans… »

7
JANVIER
8 h 43 — 17 h 11
St Raymond

…Son regard

Une Info par Jour

JOHNNY HALLYDAY

Le premier groupe de scène formé par Johnny s'appelle *Les Goldens Stars* pour l'Olympia de 1962.

8

JANVIER

☀ 8 h 43 ☀ 17 h 12

St Lucien

Une Info par Jour

JOHNNY HALLYDAY

Sur le titre
Les hommes qui n'ont plus rien à perdre **de Sylvie Vartan,**
on entend Johnny dans le chœur.

9

JANVIER

8 h 43 17 h 13

Ste Alix

Une Info par Jour

JOHNNY HALLYDAY

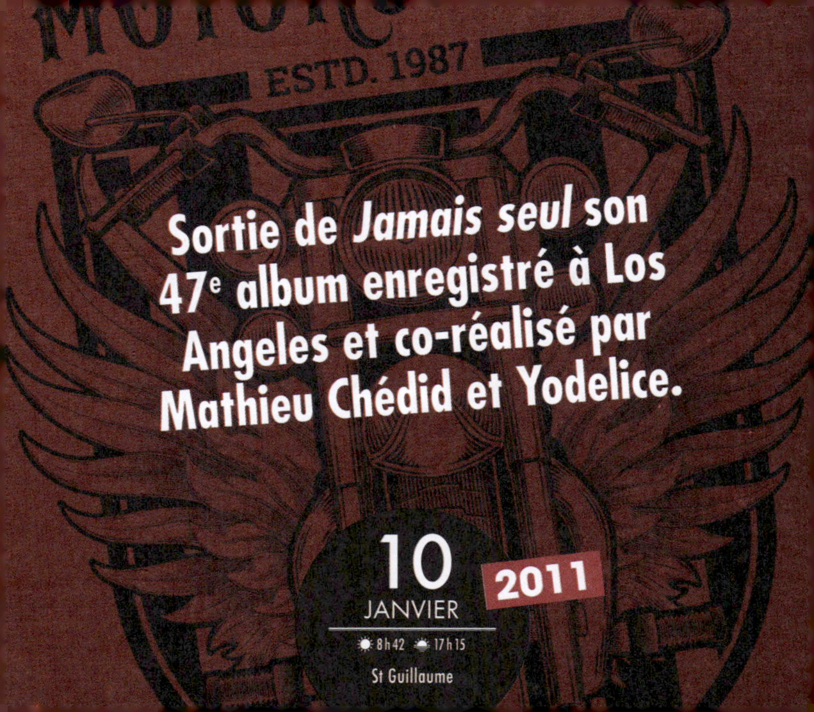

Sortie de *Jamais seul* son 47e album enregistré à Los Angeles et co-réalisé par Mathieu Chédid et Yodelice.

10
JANVIER

2011

8h42 17h15

St Guillaume

Une Info par Jour

JOHNNY HALLYDAY

Qui sont les deux autres « Vieilles Canailles », avec qui Johnny Hallyday a tourné en 2014 et 2017 ?

Jacques Dutronc et Eddy Mitchell

11

JANVIER

8 h 42 17 h 16

St Paulin

Une Info par Jour

JOHNNY HALLYDAY

Johnny Hallyday enregistre sa première maquette en 1958, *Je me sens si seul.* Il s'agit d'une adaptation française de *Heartbreak Hotel* de Mae Boren Axton et Tommy Durden.

12
JANVIER
8 h 41 17 h 17
Ste Tatiana

Une Info par Jour

JOHNNY HALLYDAY

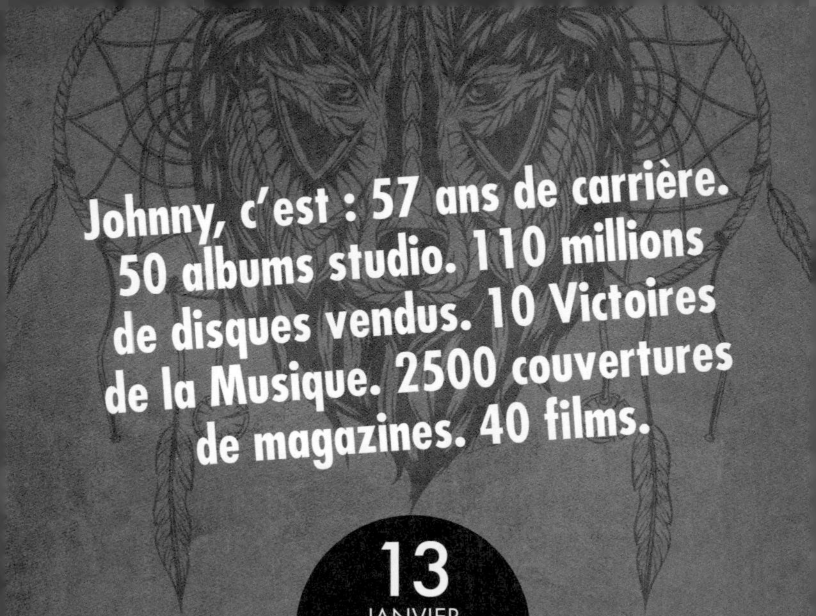

Johnny, c'est : 57 ans de carrière. 50 albums studio. 110 millions de disques vendus. 10 Victoires de la Musique. 2500 couvertures de magazines. 40 films.

13
JANVIER

8 h 41 17 h 19

Ste Yvette

Une Info par Jour

JOHNNY HALLYDAY

Gabrielle est une adaptation, par Long Chris et Patrick Larue, du titre *The King Is Dead* (1972), de Tony Cole. Johnny la chante pour la première fois lors de son spectacle au Palais des Sports de Paris en 1976 et n'a depuis jamais quitté son tour de chant, étant de toutes les tournées et spectacles.

14

JANVIER

8 h 40 · 17 h 20

Ste Nina

Une Info par Jour

JOHNNY HALLYDAY

15
JANVIER

☀ 8h39 17h21

St Rémi

Une Info par Jour

JOHNNY HALLYDAY

À l'aube de ses 18 ans, âge légal pour obtenir le permis de conduire, Johnny se voit offrir par son manager une très jolie Triumph TR3.

16

JANVIER

8 h 39 17 h 23

St Marcel

Une Info par Jour

JOHNNY HALLYDAY

En 2011, dans quel dessin animé Johnny prête-t-il sa voix à un personnage qui lui ressemble beaucoup ?

Titeuf, le film

17

JANVIER

8 h 38 17 h 24

Ste Roseline

Une Info par Jour

JOHNNY HALLYDAY

LE SAVIEZ-VOUS ?

Lorsque Fernand Bonifay écrit les paroles de la version française de *Souvenirs*, il ne pense pas du tout à Johnny Hallyday. La chanson est alors destinée à une strip-teaseuse du Crazy Horse Saloon reconvertie dans la chanson, Rita Cadillac.

18
JANVIER

☀ 8 h 37 ☀ 17 h 26

Ste Prisca

Une Info par Jour

JOHNNY
HALLYDAY

Après s'être fait la main au volant de sa Triumph TR3, Johnny achète la nouvelle Jaguar type E 3,8 litres Cabriolet.

19

JANVIER

☀ 8 h 36 ☀ 17 h 27

St Marius

Une Info par Jour

JOHNNY HALLYDAY

Johnny est n°1 avec *Elle est terrible*, sa version française de *Somethin' Else* d'Eddie Cochran.

20

JANVIER

☀ 8h35 ☀ 17h29

St Sébastien

1963

Une Info par Jour

JOHNNY HALLYDAY

Si on chantait ?
Complétez les paroles :

« Un jour viendra tu me diras «je t'aime». Du bout du... »

21
JANVIER
8 h 34 — 17 h 30
Ste Agnès

...Cœur

Une Info par Jour

JOHNNY HALLYDAY

Une fois la Jaguar type E cassée, Johnny rachète à Johnny Stark sa Buick Invicta 225 Cabriolet. Avec Sylvie, c'est le temps des virées en amoureux dans le confort d'une belle américaine.

22

JANVIER

8 h 33 17 h 32

St Vincent

Une Info par Jour

JOHNNY HALLYDAY

23

JANVIER

☀ 8h32 ☀ 17h33

St Barnard

Une Info par Jour

JOHNNY HALLYDAY

Sortie de l'album *Ce que je sais*, conçu et réalisé par Pascal Obispo. Johnny dédicace le disque, le même jour, dans trois villes de France : Marseille à 11h, Bordeaux à 14h30 et Paris à 18h.

24
JANVIER
1998

8h31 17h35

St François de Sales

Une Info par Jour

JOHNNY HALLYDAY

Qui n'a jamais écrit de chanson pour Johnny Hallyday ?

a) Grand Corps Malade

b) Sandrine Kiberlain

c) Catherine Lara

d) Serge Gainsbourg

25

JANVIER

8 h 30 — 17 h 36

Conversion de St Paul

d) Serge Gainsbourg

Une Info par Jour

JOHNNY HALLYDAY

26

JANVIER

8h29 17h38

Ste Paule, Ste Pauline

Une Info par Jour

JOHNNY HALLYDAY

Qui a écrit la chanson *Si mon cœur*, en 2008 ?

Grand Corps Malade

27

JANVIER

8 h 28 17 h 40

Ste Angèle

Une Info par Jour

JOHNNY HALLYDAY

Si on chantait ?
Complétez les paroles :

« Un an. Un jour. Tu me… »

28
JANVIER

8 h 27 17 h 41

St Thomas d'Aquin

...Reviendras

Une Info par Jour

JOHNNY HALLYDAY

En 1962, dans le film *Les Parisiennes* Johnny chante *Retiens la nuit* à Catherine Deneuve.

29
JANVIER
1962

☀ 8 h 25 ☀ 17 h 43

St Gildas

Une Info par Jour

JOHNNY HALLYDAY

Sortie de l'album *Hollywood.*

30
JANVIER

8 h 24 17 h 44

Ste Martine

1979

Une Info par Jour

JOHNNY HALLYDAY

Sortie de l'album
En pièces détachées.

31

JANVIER

1981

☀ 8h23 ☀ 17h46

Ste Marcelle

Une Info par Jour

JOHNNY HALLYDAY

Sortie du 45 tours
J'ai oublié de vivre
qui sera un énorme hit.

1er
FÉVRIER
1978

8 h 21 17 h 48

Ste Ella

Une Info par Jour

JOHNNY HALLYDAY

En 1962, Johnny donne un concert de charité sur un bateau amarré dans le port de New York. Mais de quel navire s'agit-il ?

Le paquebot France, le 2 février 1962. Jackie Kennedy était même présente.

2
FÉVRIER

8 h 20 17 h 49

Présentation du Seigneur

Une Info par Jour

JOHNNY
HALLYDAY

Février 1982 : Sortie de l'album *Quelque part un aigle*, avec de nombreux titres forts comme *Mercredi matin*, *Mon Amérique à moi* ou *Montpellier*.

3

FÉVRIER

8 h 19 — 17 h 51

St Blaise

Une Info par Jour

JOHNNY HALLYDAY

Lors de quel concert mythique Johnny Hallyday a-t-il livré, sur scène, un combat de boxe ?

Au Palais des Sports de Paris, en 1969

4

FÉVRIER

8 h 17 17 h 53

Ste Véronique

Une Info par Jour

JOHNNY HALLYDAY

Johnny fait durer le titre *Oh ! Ma jolie Sarah* plus de six minutes, lors de son spectacle au Palais des Sports de Paris, entouré par ses choristes Madeline Bell, Doris Troy, Juanita Franklin et Nanette Workman.

5

FÉVRIER

8 h 16 17 h 54

Ste Agathe

Une Info par Jour

JOHNNY HALLYDAY

6
FÉVRIER

8 h 14 — 17 h 56

St Gaston

Une Info par Jour

JOHNNY HALLYDAY

Johnny n'a pas encore 20 ans et fait l'acquisition de sa première Ferrari. Une 250 GT Pininfarina, dont il prendra possession à Nice. Il est sous le charme. La ligne est magnifique et la finition exceptionnelle.

7
FÉVRIER

1963

8 h 13 17 h 58

Ste Eugénie

Une Info par Jour

JOHNNY HALLYDAY

Pourquoi Johnny Hallyday s'appelle-t-il Johnny Hallyday ?

En hommage au mari de sa cousine, le danseur Lee Halliday, mais une faute de frappe a remplacé le i par un y

8

FÉVRIER

8 h 11 17 h 59

Ste Jacqueline

Une Info par Jour

JOHNNY HALLYDAY

LE SAVIEZ-VOUS ?

Au printemps 1961, Johnny interprète une chanson qui a triomphé au Festival de Sanremo *24 mila baci*, devenue en français *24 000 baisers*. Il est propulsé en tête des hit-parades.

9
FÉVRIER

8h10 18h01

Ste Apolline

Une Info par Jour

JOHNNY HALLYDAY

Dans le film *D'où viens-tu Johnny ?*, Johnny conduit une Paloma Super Flash. Une marque française qui marquera toute une génération de jeunes rockeurs.

10

FÉVRIER

☀ 8 h 08 ☀ 18 h 03

St Arnaud

Une Info par Jour

JOHNNY
HALLYDAY

LE SAVIEZ-VOUS ?

C'est la chanson *L'Idole des jeunes* qui permet à Johnny de conquérir un plus large public, surtout chez les parents de ses fans redoutant jusqu'alors le rockeur au blouson noir et les bagarres lors des concerts.

11

FÉVRIER

8h06 18h04

Notre-Dame de Lourdes

Une Info par Jour

JOHNNY HALLYDAY

Victoire de la Musique pour l'ensemble du *Lorada Tour.*

12
FÉVRIER
1996

8h05 18h06

St Félix

Une Info par Jour

JOHNNY HALLYDAY

13
FÉVRIER

8h03 18h08

Ste Béatrice

Une Info par Jour

JOHNNY HALLYDAY

14

FÉVRIER

8h01 18h09

St Valentin

Une Info par Jour

JOHNNY HALLYDAY

15
FÉVRIER
2017

☀ 8h00 ☀ 18h11

St Claude

Sortie du film de Guillaume Canet *Rock'n roll* où Johnny Hallyday s'amuse à jouer… Johnny Hallyday.

Une Info par Jour

JOHNNY HALLYDAY

En quelle année Johnny a-t-il entamé le « Tour 66 », présenté comme sa tournée d'adieu ?

En 2009

16
FÉVRIER
7 h 58 18 h 12
Ste Lucile

Une Info par Jour

JOHNNY HALLYDAY

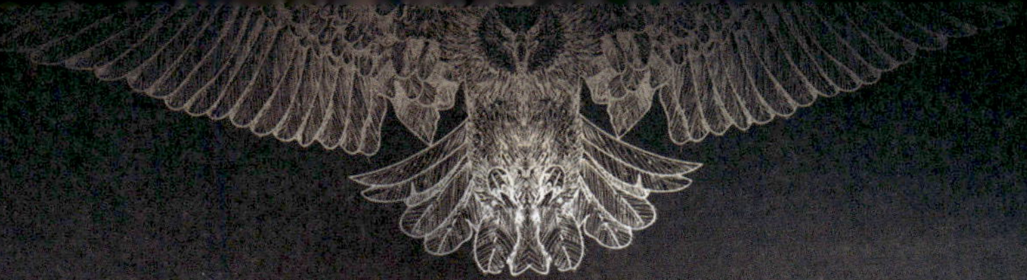

Johnny reçoit une sixième Victoire de la Musique pour le meilleur spectacle de l'année avec *Johnny à la Tour Eiffel.*

17

FÉVRIER

2001

7 h 56 18 h 14

St Alexis

Une Info par Jour

JOHNNY HALLYDAY

18

FÉVRIER

7 h 54 — 18 h 16

Ste Bernadette

Une Info par Jour

JOHNNY HALLYDAY

Si on chantait ?
Complétez les paroles :

« La rage en moi me rappelle que… »

19
FÉVRIER
7 h 53 18 h 17
St Gabin

…Je ne suis qu'un homme

Une Info par Jour

JOHNNY HALLYDAY

le *Wall Street Journal* salue la carrière de Johnny Hallyday et le qualifie d'« *homme de l'année* » de l'industrie musicale française.

20
FÉVRIER
7h51 18h19
Ste Aimée

2003

Une Info par Jour

JOHNNY HALLYDAY

Si on chantait ?
Complétez les paroles :

« Ça ne change pas un homme,
un homme ça... »

21
FÉVRIER

7 h 49 18 h 21

St Pierre-Damien

...Vieillit

Une Info par Jour

JOHNNY HALLYDAY

Le double album live *Johnny se donne à Bercy* sort simultanément avec une vidéo du concert.

22
FÉVRIER

7 h 47 18 h 22

Ste Isabelle

1988

Une Info par Jour

JOHNNY HALLYDAY

Sortie du film *Love me* de Laetitia Masson, avec Sandrine Kiberlain, Jean-François Stévenin.

23
FÉVRIER

7 h 45 18 h 24

St Lazare

2000

Une Info par Jour

JOHNNY HALLYDAY

Johnny participe au premier Festival International du Rock au Palais des Sports, avec Les Chaussettes Noires, Frankie Jordan et Little Tonie.

24

FÉVRIER

1961

7 h 43 18 h 25

St Modeste

Une Info par Jour

JOHNNY HALLYDAY

L'Odyssée des Enfoirés est n°1 des ventes en France pendant cinq semaines. *Que je t'aime* et *La fille de l'été dernier* sont plébiscités par le public.

25
FÉVRIER
2001

7h41 18h27

St Roméo

Une Info par Jour

JOHNNY
HALLYDAY

26
FÉVRIER

7 h 39 18 h 29

St Nestor

Une Info par Jour

JOHNNY HALLYDAY

Sortie du coffret Hallyday 84 réunissant l'album *Drôle de métier* et le 33 tours *Nashville 84*.

27

FÉVRIER

1984

7 h 37 · 18 h 30

Ste Honorine

Une Info par Jour

JOHNNY HALLYDAY

Quelle chanson de Johnny Hallyday débute par ces mots : « J'ai pas toujours trouvé les mots / Pour bercer tes rêves d'enfant / Ensemble on est devenu grand » ?

Sang pour sang, chanson dédiée à son fils David Hallyday, qui en a composé la musique

28
FÉVRIER

7 h 36 18 h 32

St Romain

Une Info par Jour

JOHNNY HALLYDAY

Mars 1976 : paru le 10 février, le single *Requiem pour un fou* se classe n°1 en quelques jours.

1er

MARS

7 h 34 18 h 33

St Aubin

Une Info par Jour

JOHNNY HALLYDAY

Quel prénom féminin n'est pas le titre d'une chanson de Johnny Hallyday ?

a) Marie

b) Gabrielle

c) Nathalie

d) Laura

c) Nathalie - Johnny Hallyday a chanté Gabrielle en 1984, Laura en 1986, Marie en 2002. C'est Gilbert Bécaud qui a chanté Nathalie, en 1964

Une Info par Jour

JOHNNY HALLYDAY

Mars 1984 : Sortie de l'album 33 tours 6 titres Johnny Hallyday *En V.O.*

3

MARS

7 h 30 18 h 37

St Guénolé

Une Info par Jour

JOHNNY HALLYDAY

Combien d'albums studio Johnny Hallyday a-t-il enregistrés ?

51

4

MARS

7 h 28 18 h 38

St Casimir

Une Info par Jour

JOHNNY HALLYDAY

Retiens la nuit est la deuxième chanson écrite par Charles Aznavour et la cinquième composition de Georges Garvarentz pour Johnny. C'est avec cette chanson que les critiques soulignent enfin le talent de l'interprète.

5

MARS

☀ 7 h 26 ☀ 18 h 40

Ste Olive

Une Info par Jour

JOHNNY HALLYDAY

Si on chantait ?
Complétez les paroles :

« Laisse les filles. Tu as bien le temps.
D'avoir des milliers… »

6
MARS
7 h 24 18 h 41
Ste Colette

…D'embêtements

Une Info par Jour

JOHNNY HALLYDAY

7

MARS

☀ 7 h 22 ☀ 18 h 43

Ste Félicité

Une Info par Jour

JOHNNY HALLYDAY

C'est Jean-Paul Belmondo, très ami avec Johnny, qui l'incite à acheter une Ducati 996 SPS.

8

MARS

7h19 18h44

St Jean de Dieu

Une Info par Jour

JOHNNY HALLYDAY

9
MARS
7 h 17 18 h 46
Ste Françoise

Une Info par Jour

JOHNNY HALLYDAY

Émission spéciale *Les Enfants du rock* consacré à Johnny Hallyday enregistré à Nashville et présentée par Antoine De Caunes. Participent à l'émission : Emmylou Harris, Don Everly (du duo Everly Brothers), Carl Perkins, Tony Joe White et les Stray Cats.

10
MARS

1984

7 h 15 18 h 48

St Vivien

Une Info par Jour

JOHNNY HALLYDAY

Victoire de la Musique : *Sang pour sang* est élu album de l'année.

11

MARS

☀ 7 h 13 ☀ 18 h 49

Ste Rosine

2000

Une Info par Jour

JOHNNY HALLYDAY

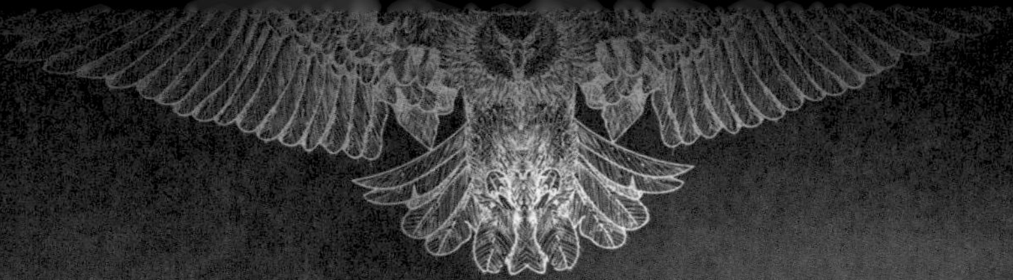

En 2001, Christian Audigier offre à Johnny une Harley V rod noir mat.

12
MARS

7 h 11 18 h 51

Ste Justine

Une Info par Jour

JOHNNY HALLYDAY

Combien de concerts Johnny Hallyday a-t-il donné au Stade de France ?

Johnny Hallyday est le seul artiste à s'être produit neuf dates en trois tournées au Stade de France : trois fois en 1998, trois fois en 2009 et trois fois en 2012.

13

MARS

7 h 09 18 h 52

St Rodrigue

Une Info par Jour

JOHNNY HALLYDAY

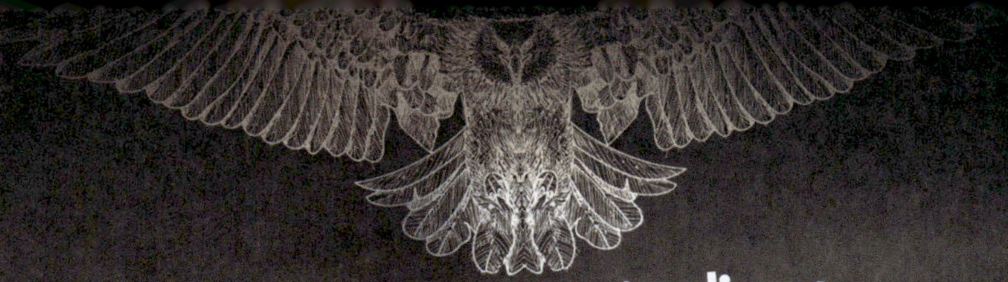

Vogue édite le premier disque de Johnny *T'aimer follement*. À partir de cette date historique, en moins d'un an, il va devenir la vedette n°1 du rock'n'roll français.

14
MARS

1960

7 h 07 18 h 54

Ste Mathilde

Une Info par Jour

JOHNNY
HALLYDAY

Olympia triomphal avec des hits comme *Noir c'est noir*, *Hey Joe*, *Je suis seul*. Johnny est accompagné par les Blackburds, emmenés par le guitariste Micky Jones et le batteur Tommy Brown. Final mythique en duo avec Sylvie Vartan qui assure la première partie du concert.

15
MARS

7 h 05 · 18 h 55

Ste Louise

1967

Une Info par Jour

JOHNNY HALLYDAY

16
MARS

☀ 7 h 03 ☀ 18 h 57

Ste Bénédicte

Une Info par Jour

JOHNNY HALLYDAY

Trouvez de quelle chanson sont extraites ces paroles : « Et même si c'est pas vrai, si on te l'a trop fait / Si les mots sont usés, comme écrits à la craie / On fait bien des grands feux en frottant des cailloux ».

Je te promets, écrite par Jean-Jacques Goldman et parue sur l'album Gang, en 1986

17

MARS

7 h 01 18 h 58

St Patrick

Une Info par Jour

JOHNNY HALLYDAY

Publication de *Prends ma vie* premier single de l'album *Je t'aime je t'aime je t'aime* enregistré avec les grands orgues de la basilique *Del sacro cuore immacolato di Maria* réalisé par Jean Renard.

18
MARS
6 h 59 19 h 00
St Cyrille

1974

Une Info par Jour

JOHNNY HALLYDAY

Sortie du film de Costa-Gavras *Conseil de famille* où Johnny figure aux cotés de Fanny Ardant et Guy Marchand.

19

MARS

1986

6h57 19h01

St Joseph

Une Info par Jour

JOHNNY HALLYDAY

Où Johnny a-t-il donné ses premiers concerts en solo enregistrés ?

Au cabaret L'Escale à Migennes, dans l'Yonne, les 16 et 17 avril 1960

20

MARS

6 h 55 · 19 h 03

Printemps • St Herbert

Une Info par Jour

JOHNNY HALLYDAY

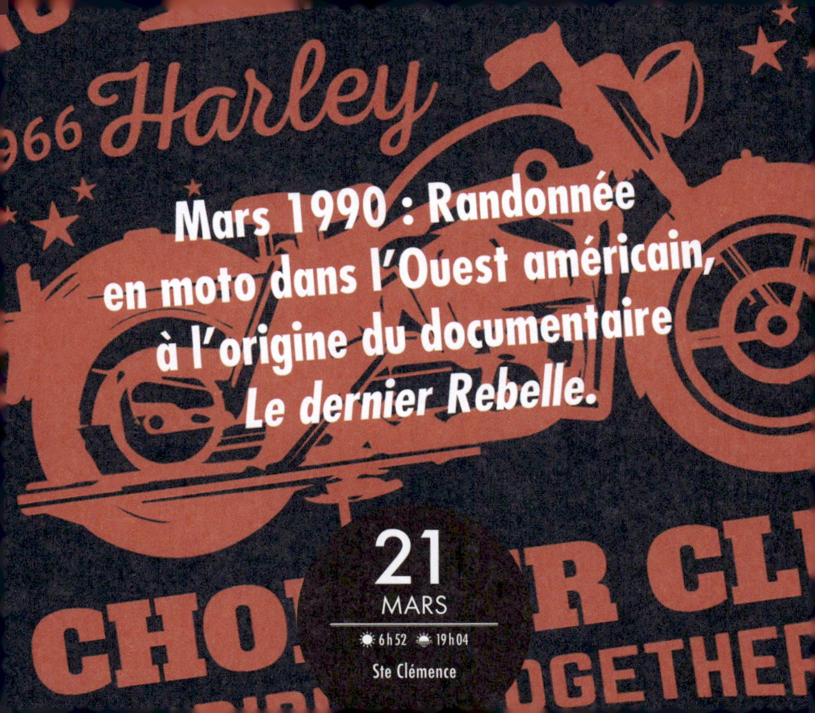

Mars 1990 : Randonnée en moto dans l'Ouest américain, à l'origine du documentaire *Le dernier Rebelle.*

21

MARS

☀ 6h52 ☀ 19h04

Ste Clémence

Une Info par Jour

JOHNNY HALLYDAY

LE SAVIEZ-VOUS ?

Olympia 1962, Charles Aznavour dit à Johnny : « Tu chantes très bien sur les musiques rythmées, mais ce serait encore mieux, avec de bons textes sur des ballades tendres. » Aznavour va écrire alors pour Johnny le célèbre slow langoureux *Retiens la nuit*.

22

MARS

6 h 50 19 h 06

Ste Léa

Une Info par Jour

JOHNNY HALLYDAY

1964 : l'idole des jeunes est toujours sous les drapeaux. Le sergent Smet a besoin d'une automobile pour se déplacer de Offenburg, son camp de base, à Baden-Baden, ville très festive le week-end. Il achète une Porsche 356 B.

23
MARS

6 h 48 19 h 07

St Victorien

Une Info par Jour

JOHNNY HALLYDAY

Dans quelle série télévisée Johnny Hallyday a-t-il chanté le générique ?

Les Chevaliers du Ciel, diffusée de 1967 à 1970, sur les chaînes de l'ORTF

24
MARS

6 h 46 — 19 h 09

Ste Catherine de Suède

Une Info par Jour

JOHNNY HALLYDAY

Johnny Hallyday et Laeticia se marient à Neuilly-sur-Seine.

25
MARS
6h44 19h10
St Humbert

1996

Une Info par Jour

JOHNNY HALLYDAY

LE SAVIEZ-VOUS ?

Johnny enregistre le titre *Tes tendres années* à Nashville en février 1962, en anglais. Cette version sortira uniquement en 45 tours aux Pays-Bas.

26
MARS

6 h 42 — 19 h 12

Ste Larissa

Une Info par Jour

JOHNNY HALLYDAY

Avec qui Johnny Hallyday a-t-il chanté, en duo, sur scène, la chanson *Requiem pour un fou* ?

Avec Lara Fabian, au Stade de France, en 1998

27

MARS

☀ 6 h 40 ☀ 19 h 13

St Habib

Une Info par Jour

JOHNNY HALLYDAY

Printemps 1965 : Johnny roule de nouveau en Buick, sa marque américaine préférée. Il craque sur une Riviera coupé de la gamme Elektra 225.

C'est dans sa belle Buick Riviera 225 que Johnny emmènera Sylvie jusqu'à l'église de Loconville pour célébrer leur mariage, le 12 avril 1965.

28

MARS

6 h 38 19 h 15

St Gontran

Une Info par Jour

JOHNNY HALLYDAY

LE SAVIEZ-VOUS ?

L'adaptation française de *Da dou ron ron* (chanson créée par The Chrystals) a fait l'objet d'une vive bataille entre Frank Alamo et Johnny Hallyday. Les deux chanteurs avaient enregistré cette adaptation quasi en même temps, ce qui a bien failli provoquer une violente bagarre entre eux !

29

MARS

7 h 36 · 20 h 16

Ste Gladys

Une Info par Jour

JOHNNY HALLYDAY

Johnny est né à Marnes-la-Coquette. Vrai ou faux ?

Faux, il est né à Paris, dans le 9e arrondissement

30
MARS

7 h 33 20 h 18

St Amédée

Une Info par Jour

JOHNNY HALLYDAY

En 1966, Johnny craque pour le charme discret et élégant des voitures anglaises. Il s'offre une des plus belles autos de la production anglaise : l'Aston Martin DB 6 Coupé 2+2. C'est dans sa nouvelle Aston Martin que Johnny emmène Bob Dylan faire le tour de Paris.

31

MARS

7 h 31 20 h 19

St Benjamin

Une Info par Jour

JOHNNY HALLYDAY

Comment s'appelait la mère de Johnny Hallyday ?

Huguette Clerc

1er
AVRIL

☀ 7 h 29 ☀ 20 h 21

St Hugues

Une Info par Jour

JOHNNY HALLYDAY

Avril 1962 : premier Disque d'Or pour *Viens danser le twist* (*Let's Twist Again*). Sortie d'un album en anglais, enregistré à Nashville et baptisé *Johnny Hallyday Sings America's Rockin' Hits.*

2

AVRIL

7 h 27 20 h 22

Ste Sandrine

Une Info par Jour

JOHNNY HALLYDAY

J'ai un problème est une chanson interprétée en duo par Sylvie Vartan et Johnny en 1973. Jean Renard, directeur artistique du chanteur, a bataillé durant plusieurs semaines pour convaincre le couple, peu séduit à l'idée de céder à la mode des duos. Le titre s'écoule à plus de 700 000 exemplaires en France.

3

AVRIL

☀ 7 h 25 ☀ 20 h 24

St Richard

Une Info par Jour

JOHNNY HALLYDAY

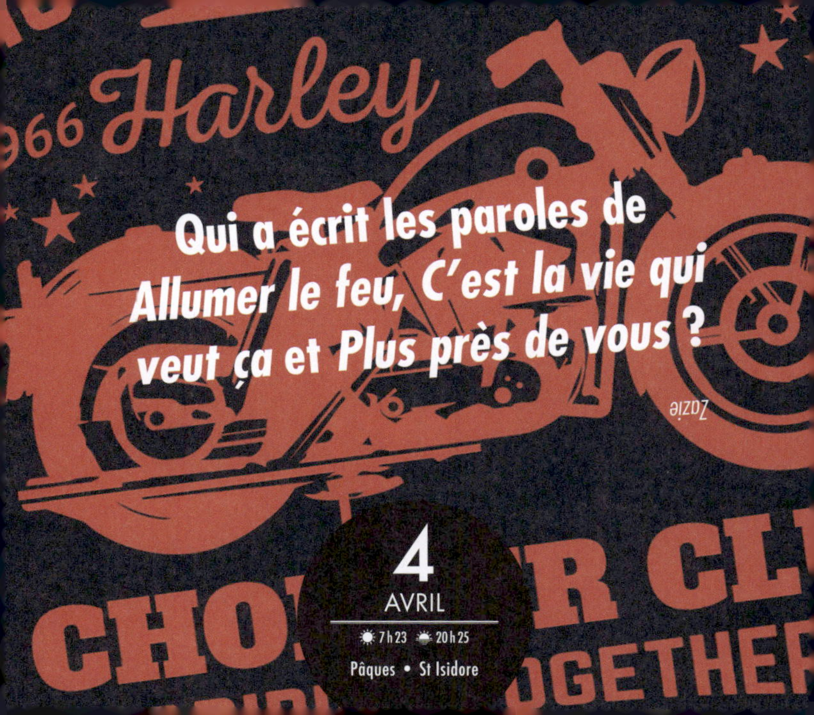

Qui a écrit les paroles de *Allumer le feu*, *C'est la vie qui veut ça* et *Plus près de vous* ?

Zazie

4
AVRIL

7 h 23 · 20 h 25

Pâques • St Isidore

Une Info par Jour

JOHNNY HALLYDAY

Sortie en salle du film *Jean-Philippe* qui réunira plus d'un million trois cent mille entrées.

5
AVRIL

7 h 21 20 h 27

Lundi de Pâques • Ste Irène

2006

Une Info par Jour

JOHNNY HALLYDAY

Les 40 ans de carrière de l'artiste sont célébrés par sa maison de disques sous la forme de 40 albums studio réédités tout au long de l'année.

6
AVRIL
2000

☀ 7 h 19 ☀ 20 h 28

St Célestin

Une Info par Jour

JOHNNY HALLYDAY

Du 6 avril au 14 novembre 1989 : Johnny Hallyday participe à la *Tournée des Enfoirés* à l'initiative des Restos du cœur de Coluche.

7
AVRIL

☀ 7 h 17 ☀ 20 h 30

St Jean-Baptiste de La Salle

Une Info par Jour

JOHNNY HALLYDAY

8

AVRIL

7 h 15 20 h 31

Ste Julie

Une Info par Jour

JOHNNY HALLYDAY

Johnny se fait voler sa Harley Davidson, livrée deux jours plus tôt. Il l'avait commandée sur mesure aux États-Unis et attendue pendant un an.

9
AVRIL
1989

7 h 13 — 20 h 33

St Gauthier

Une Info par Jour

JOHNNY HALLYDAY

LE SAVIEZ-VOUS ?

Jean-Jacques Debout a écrit et composé la chanson *Pour moi la vie va commencer* en une nuit sur le piano de l'hôtel de France, à Castelnaudary. Afin de ne pas déranger les clients de l'hôtel, Jean-Jacques réquisitionne le peignoir en éponge de Johnny, des serviettes de bain et les place sur les cordes afin d'étouffer le son.

10

AVRIL

☀ 7 h 11 ☀ 20 h 34

St Fulbert

Une Info par Jour

JOHNNY HALLYDAY

Dans le film *À tout casser*, Johnny interprète deux titres inédits : *Cheval d'acier* et la chanson éponyme *À tout casser*. Le personnage qu'il incarne roule… en moto. Une magnifique Norton Atlas 750.

11

AVRIL

7 h 09 20 h 36

St Stanislas

Une Info par Jour

JOHNNY HALLYDAY

Mariage très médiatique avec Sylvie Vartan.

12
AVRIL
1965

☀ 7 h 07 ☀ 20 h 37

St Jules

Une Info par Jour

JOHNNY HALLYDAY

Johnny reçoit son premier Disque d'Or pour *Let's Twist Again*. Il déclare alors : « Moi, le fanatisme, ça ne m'intéresse plus. Je veux chanter des chansons agréables et intelligentes. »

13

AVRIL

7 h 05 20 h 39

Ste Ida

1962

Une Info par Jour

JOHNNY HALLYDAY

LE SAVIEZ-VOUS ?

Johnny a enregistré *Le Pénitencier* pendant son service militaire, lors d'une permission. Il apparaît d'ailleurs en tenue militaire sur la pochette du 45 tours lors de sa sortie à l'été 1964.

14
AVRIL

7 h 03 20 h 40

St Maxime

Une Info par Jour

JOHNNY HALLYDAY

15
AVRIL

7 h 01 — 20 h 42

St Paterne

Une Info par Jour

JOHNNY HALLYDAY

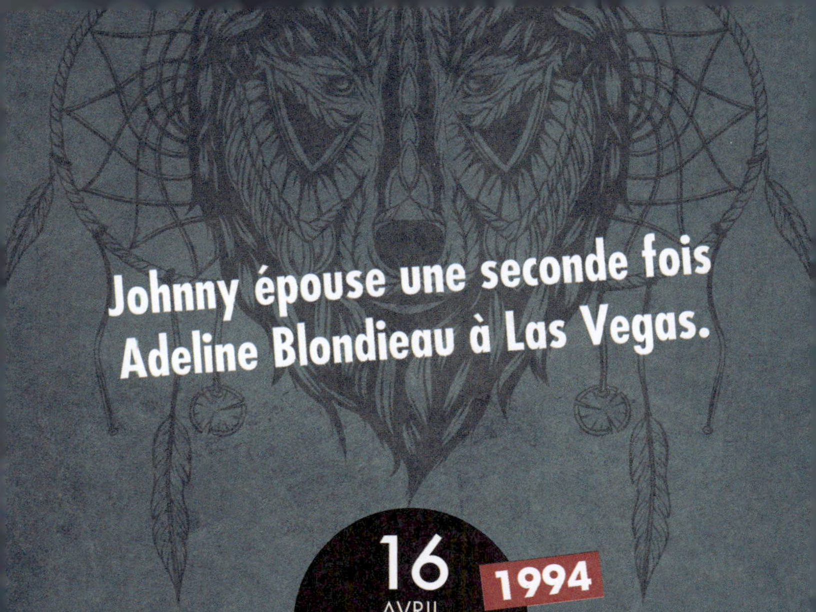

Johnny épouse une seconde fois Adeline Blondieau à Las Vegas.

16
AVRIL

☀ 6 h 59 ☀ 20 h 43

St Benoît-Joseph

1994

Une Info par Jour

JOHNNY HALLYDAY

Quel en est le titre du premier 45 tours de Johnny ?

T'aimer follement sorti en mars 1960.
C'est l'adaptation française de Makin' Love de Floyd Robinson.

17
AVRIL

☀ 6 h 57 ☀ 20 h 45

St Anicet

Une Info par Jour

JOHNNY HALLYDAY

Dans l'émission télévisée
À l'école des vedettes, Line
Renaud présente Johnny Hallyday.
Il n'a pas encore 17 ans
et se lance dans un frénétique
Laisse les filles.

18
AVRIL
☀ 6 h 55 ☀ 20 h 46
St Parfait

1960

Une Info par Jour

JOHNNY HALLYDAY

Début juin 1967, Johnny se fait livrer, avec un peu d'avance, un très beau cadeau d'anniversaire : une Lamborghini Miura P400 blanche avec un moteur V12 central, capable de monter à plus de 300km/h. Sublime !

19
AVRIL

☀ 6h53 ☀ 20h48

Ste Emma

Une Info par Jour

JOHNNY HALLYDAY

LE SAVIEZ-VOUS ?

Dans *Quand revient la nuit*, Johnny évoque sa situation de soldat, séparé de celle qu'il aime, Sylvie Vartan. Toute une génération se reconnaît alors dans ce couple emblématique.

20

AVRIL

☀ 6 h 51 ☀ 20 h 49

Ste Odette

Une Info par Jour

JOHNNY HALLYDAY

Combien de Victoires de la musique Johnny Hallyday a-t-il remporté, toutes catégories confondues ?

10. C'est le deuxième artiste français le plus récompensé aux Victoires de la musique, derrière Alain Bashung

21
AVRIL

6 h 49 20 h 51

St Anselme

Une Info par Jour

JOHNNY HALLYDAY

Johnny débute une série d'une douzaine de date en Amérique du Nord.

22

AVRIL

6 h 47 20 h 52

St Alexandre

2014

Une Info par Jour

JOHNNY HALLYDAY

23
AVRIL

6 h 45 — 20 h 54

St Georges

Une Info par Jour

JOHNNY HALLYDAY

LE SAVIEZ-VOUS ?

En 1966, le chanteur Antoine dans ses *Elucubrations*, veut « mettre Johnny en cage à *Medrano* »... Johnny, très énervé, décide de lui répondre et fait adapter librement *My crucified Jesus*... qui devient *Cheveux longs et idées courtes*. La rivalité entre les deux chanteurs a donné lieu à un immense tube !

24
AVRIL

☀ 6 h 43 ☀ 20 h 55

St Fidèle

Une Info par Jour

JOHNNY HALLYDAY

Parution du single *On me recherche* avec le titre polémique *Jésus Christ* dû à la plume du journaliste Philippe Labro.

25
AVRIL
6 h 42 20 h 57
St Marc

1970

Une Info par Jour

JOHNNY HALLYDAY

Rentrée à Paris, au Palais des Sports, pour un spectacle « total » avec fakirs, cracheurs de feu, light show, encens, feu d'artifice... Création scénique de *Que je t'aime.*

26
AVRIL
6 h 40 20 h 58
Ste Alida

1969

Une Info par Jour

JOHNNY HALLYDAY

Parution de l'album *Insolitudes*, considéré comme un « must » dans la carrière du rocker, avec les titres *La musique que j'aime*, *La prison des orphelins*, *Le feu*, *La solitude*, *Moraya*...

27

AVRIL

1973

6 h 38 21 h 00

Ste Zita

Une Info par Jour

JOHNNY HALLYDAY

1968 : Johnny fait son rebelle et roule en Rolls-Royce Phantom 5, le modèle haut de gamme de l'époque.

28
AVRIL

☀ 6 h 36 ☀ 21 h 01

Ste Valérie

Une Info par Jour

JOHNNY HALLYDAY

29

AVRIL

6 h 34 21 h 02

Ste Catherine de Sienne

Une Info par Jour

JOHNNY HALLYDAY

Sortie du nouveau disque de Johnny avec les textes de Philippe Labro. Le titre *Jésus-Christ (est un hippie)* est bientôt censuré par l'ORTF, ce qui ne l'empêche pas d'être n°1 des ventes le 12 juin.

30

AVRIL

1970

6 h 33 21 h 04

St Robert

Une Info par Jour

JOHNNY HALLYDAY

Le n°148 de *Rock & Folk* fait sa couverture avec Johnny Hallyday et cette manchette : « La dernière idole ».

1er
MAI

1979

6 h 31 · 21 h 05

Fête du travail • St Jérémy

Une Info par Jour

JOHNNY HALLYDAY

Combien de chansons trouve-t-on dans le répertoire de Johnny ?

Plus de 960 titres. Si on comptabilise les versions alternatives et les versions enregistrées en langue étrangère, c'est plus de 1150 titres

2
MAI

6 h 29 — 21 h 07

St Boris

Une Info par Jour

JOHNNY HALLYDAY

***Quelque chose de Tennessee* est, après *La musique que j'aime*, la chanson que Johnny a le plus souvent chantée en duo. Il l'a interprétée 28 fois en duo avec 25 interprètes différents.**

3
MAI

6 h 28 — 21 h 08

St Philippe

Une Info par Jour

JOHNNY HALLYDAY

4

MAI

6 h 26 21 h 10

St Sylvain

Une Info par Jour

JOHNNY HALLYDAY

LE SAVIEZ-VOUS ?

En septembre 1966, Johnny enregistre *Noir c'est noir* comme pour exorciser une période difficile. À 23 ans, le chanteur est en pleine dépression et tente de mettre fin à ses jours. Sauvé in extremis, sa maison de disques Philips publie le 45 tours… Johnny est de nouveau propulsé en tête des hit-parades.

5

MAI

6 h 24 21 h 11

Ste Judith

Une Info par Jour

JOHNNY HALLYDAY

Sortie de l'album « au bandeau », dont le titre exact est *Rivière… ouvre ton lit*. Johnny y déploie un blues rock fascinant, résumé par des titres comme *Voyage au pays des vivants* ou *Je suis né dans la rue*.

6
MAI
6 h 23 · 21 h 13
Ste Prudence

1969

Une Info par Jour

JOHNNY HALLYDAY

1969 : Johnny s'offre une moto sur-mesure, une Harley Electra Glide équipée du nouveau moteur Shovelhead de 1200 cm^3.

7

MAI

☀ 6 h 21 ☀ 21 h 14

Ste Gisèle

Une Info par Jour

JOHNNY HALLYDAY

Hallyday devient le soldat Smet et part rejoindre le R.B.I.M (Régiment blindé d'infanterie de marine) basé à Offenbourg, en Allemagne.

8

MAI

6 h 20 21 h 15

Victoire 1945 • St Désiré

1964

Une Info par Jour

JOHNNY HALLYDAY

9
MAI

6 h 18 21 h 17

St Pacôme

Une Info par Jour

JOHNNY HALLYDAY

Quel tube Johnny Hallyday a-t-il chanté avant que son auteur-compositeur connaisse le succès avec ?

Je ne suis pas un héros de Daniel Balavoine

10
MAI

6 h 16 21 h 18

Ste Solange

Une Info par Jour

JOHNNY HALLYDAY

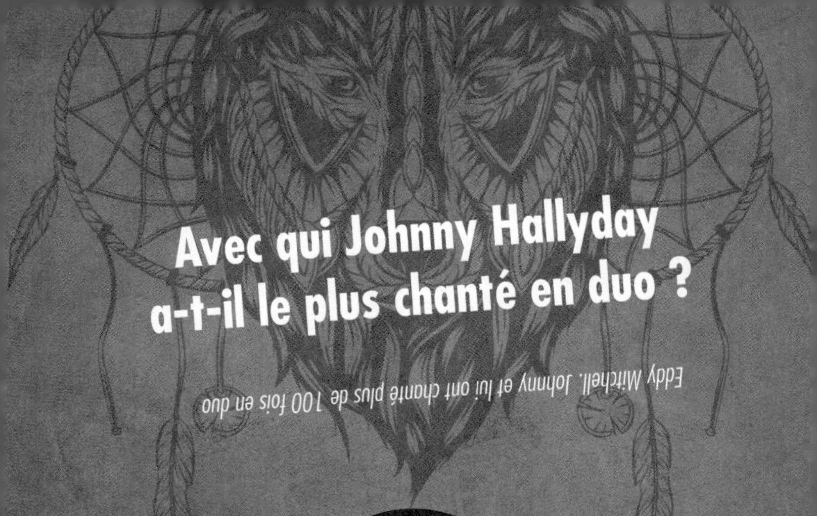

Avec qui Johnny Hallyday a-t-il le plus chanté en duo ?

Eddy Mitchell. Johnny et lui ont chanté plus de 100 fois en duo

11

MAI

6 h 15 — 21 h 20

Ste Estelle

Une Info par Jour

JOHNNY HALLYDAY

12
MAI
6h14 21h21
St Achille

Une Info par Jour

JOHNNY HALLYDAY

Connu pour interpréter les chansons des autres, Johnny a composé des musiques pour d'autres artistes. Qui a eu ce privilège ?

Frank Michael. La chanson s'appelle *Pour faire une chanson* sur l'album *Entre nous*, en 2003

13

MAI

6 h 12 · 21 h 22

Ascension • Ste Rolande

Une Info par Jour

JOHNNY HALLYDAY

1970 : Johnny accueille avec enthousiasme l'arrivée sur le marché de la nouvelle génération de motos japonaises. Il achète immédiatement la révolutionnaire Honda CB 750.

14

MAI

6 h 11 21 h 24

St Matthias

Une Info par Jour

JOHNNY HALLYDAY

Sous la direction
de Laurent Firode,
Johnny tourne *Quartier VIP*,
avec Pascal Legitimus,
Jean-Claude Brialy
et François Berléand.

15
MAI
2004

6 h 09 21 h 25

Ste Denise

Une Info par Jour

JOHNNY HALLYDAY

LE SAVIEZ-VOUS ?

La chanson *Que je t'aime* est restée plusieurs mois dans le tiroir de l'auteur Gilles Thibaut. C'est à l'occasion d'une émission de Maritie et Gilbert Carpentier que la chanson va exister. Le titre finit par sortir en 45 tours et sera vendu à un million cinq cent mille exemplaires en six mois !

16

MAI

6 h 08 21 h 26

St Honoré

Une Info par Jour

JOHNNY HALLYDAY

Craquage complet pour une Triumph Bonneville T 120 R : « Au lieu d'être chromée, je la veux dorée, je suis Johnny Hallyday et je veux une moto unique ! »… Celle-ci sera donc dorée à l'or fin ! Pièce unique.

17
MAI

6 h 07 21 h 28

St Pascal

Une Info par Jour

JOHNNY HALLYDAY

LE SAVIEZ-VOUS ?

Philippe Labro adapte *Fortunate Son*, qui devient *Fils de personne*. À l'origine, cette chanson est un hymne pacifiste en pleine guerre du Viêtnam. Labro décide de prendre le contre-pied et dénonce les injustices sociales. Ce titre restera classé n°1 durant douze semaines. Un standard du répertoire de Johnny.

18

MAI

6 h 06 21 h 29

St Éric

Une Info par Jour

JOHNNY HALLYDAY

L'aventure c'est l'aventure le film de Claude Lelouch fait l'ouverture du Festival de Cannes. Johnny Hallyday joue son propre rôle et interprète la chanson générique.

19
MAI

6 h 04 21 h 30

St Yves

1972

Une Info par Jour

JOHNNY HALLYDAY

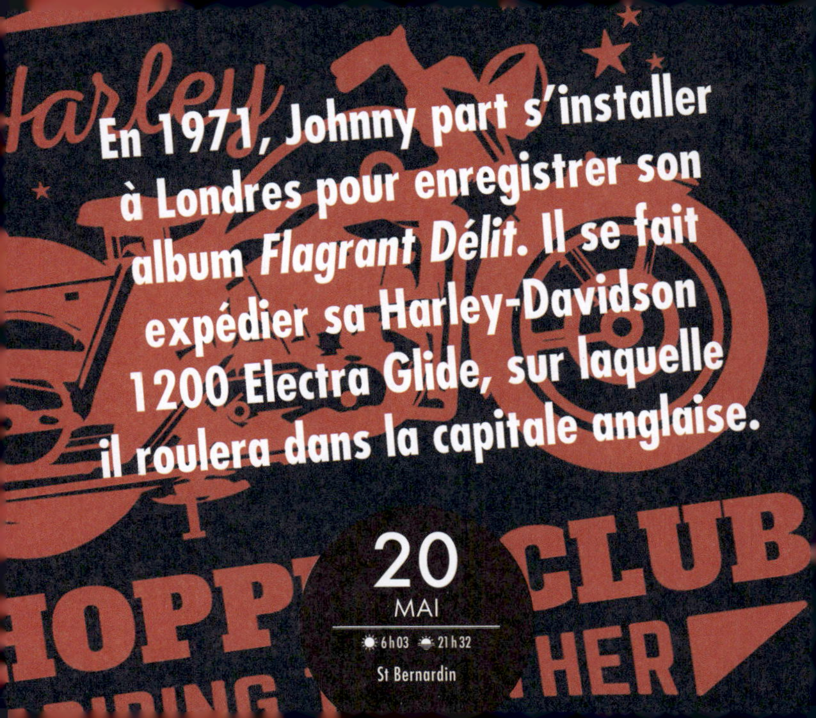

En 1971, Johnny part s'installer à Londres pour enregistrer son album *Flagrant Délit*. Il se fait expédier sa Harley-Davidson 1200 Electra Glide, sur laquelle il roulera dans la capitale anglaise.

20
MAI

6 h 03 21 h 32

St Bernardin

Une
Info
par Jour

JOHNNY
HALLYDAY

En plein Rock Revival, Johnny célèbre à sa manière les dix ans (onze, en fait), de l'album *Les rocks les plus terribles.* Le nouvel opus enregistré à Memphis s'intitule *Rock à Memphis* et contient des standards indispensables comme *Ma chérie c'est moi*, *La fille de l'été dernier* ou *Dégage*, qui sera un des moments explosifs du Palais des Sports 76.

21
MAI
1975

6 h 02 21 h 33

St Constantin

Une Info par Jour

JOHNNY HALLYDAY

Sur quelle scène parisienne Johnny s'est le plus produit ?

L'Olympia. Johnny s'y est produit 266 fois

22

MAI

6 h 01 — 21 h 34

St Émile

Une Info par Jour

JOHNNY HALLYDAY

LE SAVIEZ-VOUS ?

En juin 1993, au Parc des Princes, Johnny interprète *Oh ! Ma jolie Sarah*, accompagné par son fils David à la batterie.

23

MAI

6 h 00 21 h 35

Pentecôte • St Didier

Une Info par Jour

JOHNNY HALLYDAY

Quel célèbre artiste américain a fait plusieurs fois la première partie pour Johnny Hallyday ?

Jimi Hendrix

24

MAI

☀ 5 h 59 ☀ 21 h 37

Lundi de Pentecôte
St Donatien

Une Info par Jour

JOHNNY HALLYDAY

25

MAI

☀ 5 h 58 ☀ 21 h 38

Ste Sophie

Une Info par Jour

JOHNNY HALLYDAY

À quel artiste « rival » s'adresse la chanson Cheveux longs et idées courtes en 1966 ?

Au chanteur Antoine

26

MAI

5 h 57 21 h 39

St Bérenger

Une Info par Jour

JOHNNY HALLYDAY

LE SAVIEZ-VOUS ?

En avril 1971, le 45 tours *Oh ! Ma jolie Sarah* a été édité deux fois lors de sa sortie. Effectivement, sur la première pochette, une faute d'orthographe s'était glissée sur le titre de la face B… lui donnant aujourd'hui une valeur inestimable pour les collectionneurs !

27
MAI

5 h 56 · 21 h 40

St Augustin

Une Info par Jour

JOHNNY HALLYDAY

1972, Johnny roule en Rolls-Royce Silver Shadow dont il apprécie la classe et le confort. Il peut ainsi affronter la tournée d'été « Johnny Circus » sans fatigue excessive.

28

MAI

☀ 5 h 55 ☀ 21 h 41

St Germain

Une Info par Jour

JOHNNY HALLYDAY

Sortie de l'album *Je t'aime, je t'aime, je t'aime*, un titre qui devient le tube de l'été lorsqu'il sort en single.

29
MAI

5 h 54 21 h 42

St Aymard

1974

Une Info par Jour

JOHNNY HALLYDAY

Le *Tour 66* s'arrête au Stade de France. Le 30 et 31 mai, David Hallyday accompagne son père à la batterie sur *Allumer le feu* et chante *Sang pour sang* en duo avec lui. Sylvie Vartan et Johnny chantent ensemble *Le bon temps du rock and roll.*

30
MAI

2009

5 h 53 · 21 h 43

Fête des mères • St Ferdinand

Une Info par Jour

JOHNNY HALLYDAY

Quel titre de Johnny est resté le plus longtemps numéro 1 au hit-parade ?

Que je t'aime est resté 11 semaines numéro 1

31
MAI

5 h 53 — 21 h 44

Visitation

Une Info par Jour

JOHNNY HALLYDAY

De quel standard américain la chanson *Les Coups* est-elle une reprise ?

Uptight, de Stevie Wonder

1er
JUIN

☀ 5 h 52 ☀ 21 h 45

St Justin

Une Info par Jour

JOHNNY HALLYDAY

Démarrage au Palais des Sports de Paris de la tournée *Flashback Tour* qui conduira Johnny Hallyday à travers la France, la Belgique et la Suisse.

2
JUIN
5 h 51 21 h 46
Ste Blandine

2006

Une Info par Jour

JOHNNY HALLYDAY

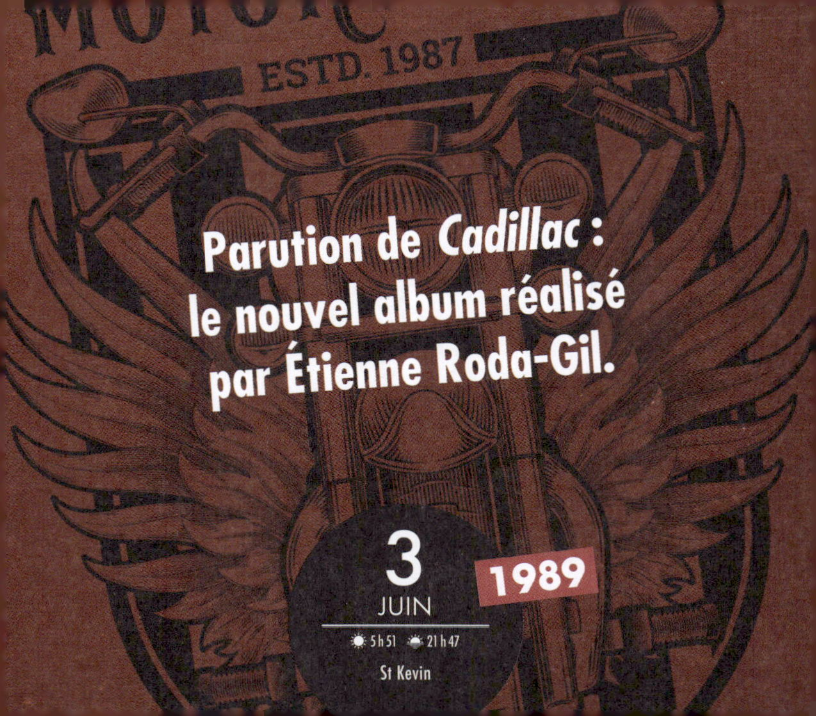

Parution de *Cadillac* : le nouvel album réalisé par Étienne Roda-Gil.

3
JUIN

☀ 5 h 51 ☀ 21 h 47

St Kevin

1989

Une Info par Jour

JOHNNY HALLYDAY

4
JUIN

5 h 50 · 21 h 48

Ste Clotilde

Une Info par Jour

JOHNNY HALLYDAY

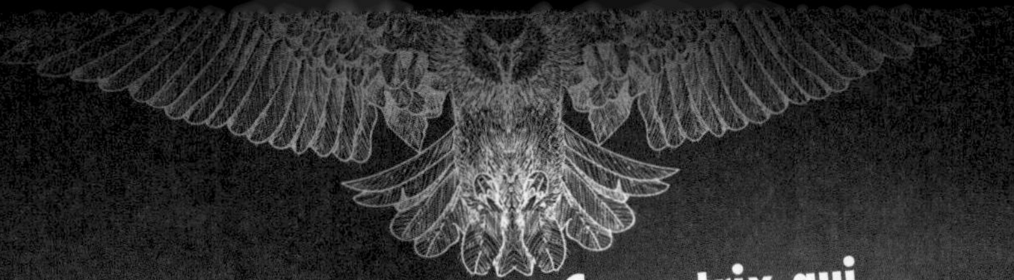

Afin d'aider Bruno Coquatrix qui connaît des problèmes financiers avec son Olympia, Johnny chante dans cette salle gratuitement cinq soirs de suite, à partir du 19 juin 1973.

5

JUIN

☀ 5 h 49 ☀ 21 h 49

St Igor

Une Info par Jour

JOHNNY HALLYDAY

Johnny fait son entrée
par la pelouse du Parc des Princes.
Noyé dans une marée humaine,
il avance sourire aux lèvres.

6
JUIN

1993

☀ 5 h 49 ☀ 21 h 50

St Norbert

Une Info par Jour

JOHNNY HALLYDAY

Sortie du giga tube de l'été *J'ai un problème*, que l'artiste enregistre en duo avec Sylvie Vartan.

7
JUIN

1973

5 h 48 21 h 51

St Gilbert

Une Info par Jour

JOHNNY HALLYDAY

Sortie de l'album
Flagrant délit, qui contient les hits
Fils de personne, *Boire à la source*,
Oh ! Ma jolie Sarah.

8
JUIN
5 h 48 21 h 51
St Médard

1971

Une Info par Jour

JOHNNY HALLYDAY

Si on chantait ?
Complétez les paroles :

« Quand tu pleureras. Dis-toi bien que tu vivais… »

9
JUIN
5 h 48 21 h 52
Ste Diane

Une Info par Jour

JOHNNY HALLYDAY

Une foule innombrable, sans doute plus de 500 000 spectateurs, assiste à un concert gratuit donné au pied de la Tour Eiffel. Le show est suivi en direct sur TF1 par plus de 8 millions de téléspectateurs.

10 JUIN **2000**

☀ 5 h 47 ☀ 21 h 53

St Landry

Une Info par Jour

JOHNNY HALLYDAY

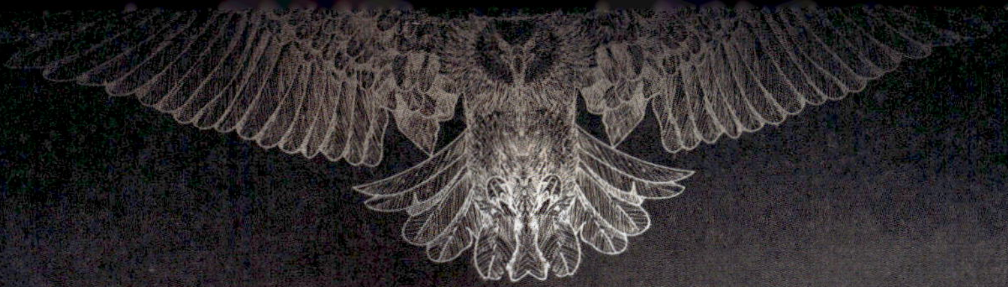

Qui a chanté *Black is black*, la version originale du tube *Noir c'est noir* ?

Los Bravos

11
JUIN
5 h 47 21 h 53
St Barnabé

1993

Une Info par Jour

JOHNNY HALLYDAY

Quel est le nom du groupe-orchestre fondé par Johnny, en 1963, à son retour de Nashville ?

Joey and the Showmen

12
JUIN

5 h 47 — 21 h 54

St Guy

Une Info par Jour

JOHNNY HALLYDAY

Johnny Hallyday a été numéro 1 au hit-parade français cinq ans avant que les Beatles ne le soient. Vrai ou faux ?

Vrai

13

JUIN

5 h 47 21 h 55

St Antoine de Padoue

Une Info par Jour

JOHNNY HALLYDAY

10 et 11, puis 14 et 15 juin 2003 : récital « des 60 ans » au Parc des Princes, adossé à une gigantesque « tournée des stades ».

14

JUIN

☀ 5 h 47 ☀ 21 h 55

St Élisée

Une Info par Jour

JOHNNY HALLYDAY

C'est le jour de ses 19 ans, le 15 juin 1962, que Johnny fait la couverture du numéro 1 d'une nouvelle revue baptisée *Salut les Copains.*

15

JUIN

5 h 46 21 h 56

Ste Germaine

Une Info par Jour

JOHNNY HALLYDAY

Coup d'envoi de la tournée *Johnny Circus*, sous chapiteau itinérant. Concerts extatiques, mais organisation gâtée par le manque de préparation du projet.

16
JUIN
1972

5 h 46 21 h 56

St Jean-François

Une Info par Jour

JOHNNY HALLYDAY

Première d'une série de 42 concerts *sold out* à l'Olympia où il ne s'était pas produit depuis 1973.

17
JUIN

2000

5 h 46 21 h 57

St Hervé

Une Info par Jour

JOHNNY HALLYDAY

Qui a écrit les paroles de *Retiens la nuit* ?

Charles Aznavour

18
JUIN

☀ 5 h 46 ☀ 21 h 57

St Léonce

Une Info par Jour

JOHNNY HALLYDAY

Sortie de l'album *Lorada* en partie supervisé par Jean-Jacques Goldman.

19
JUIN
5 h 47 21 h 57
St Romuald

1995

Une Info par Jour

JOHNNY HALLYDAY

18 au 20 juin 1993 : Trois soirées historiques au Parc des Princes de Paris pour les 50 ans du chanteur, avec une collection prestigieuse d'invités et un spectacle fleuve de trois heures.

20
JUIN

5 h 47 21 h 57

Fête des pères • St Silvère

Une Info par Jour

JOHNNY HALLYDAY

Sortie de l'album
Solitudes à deux.

21
JUIN
1978

5 h 47 • 21 h 58

Été • St Gonzague

Une Info par Jour

JOHNNY HALLYDAY

Il est la vedette d'une « Nuit de la Nation » organisée pour fêter le premier anniversaire de *Salut les Copains*. On attend 20 000 personnes. On en comptera 150 000.

22
JUIN

5 h 47 21 h 58

St Alban

1963

Une Info par Jour

JOHNNY HALLYDAY

Si on chantait ?
Complétez les paroles :

« Et puis je sais tout ce que j'aurais pu faire. À défaut de me taire. Quand j'approchais… »

23
JUIN
5 h 47 21 h 58
Ste Audrey

…L'enfer

Une Info par Jour

JOHNNY HALLYDAY

Les 15, 16 et 17 juin 2012 : Johnny fête son anniversaire au Stade de France avec le public. Il devient l'artiste ayant donné le plus de concert dans cette enceinte.

24

JUIN

5 h 48 21 h 58

Fête nationale québécoise
St Jean-Baptiste

Une Info par Jour

JOHNNY HALLYDAY

Sortie de l'album
À *partir de maintenant.*

25
JUIN
1980

5 h 48 — 21 h 58

St Prosper

Une Info par Jour

JOHNNY HALLYDAY

Sortie de l'album *Rock'n'roll attitude* écrit, composé et réalisé par Michel Berger où l'on retrouve : *Quelque chose de Tennessee*, *Aimer vivre*, *Le chanteur abandonné*...

26
JUIN
5 h 48 21 h 58
St Anthelme

1985

Une Info par Jour

JOHNNY HALLYDAY

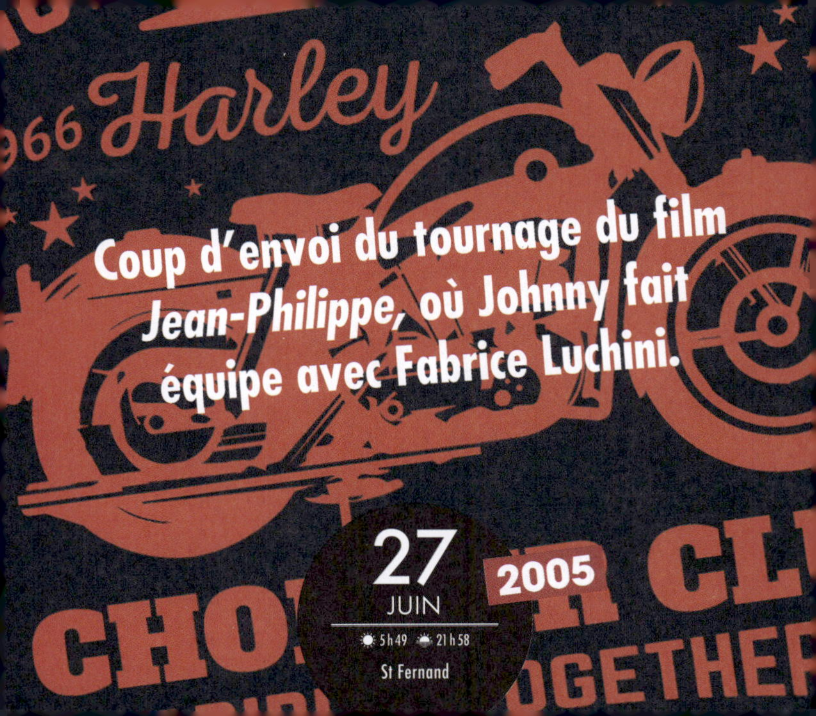

Coup d'envoi du tournage du film *Jean-Philippe*, où Johnny fait équipe avec Fabrice Luchini.

2005

27
JUIN

☀ 5 h 49 ☀ 21 h 58

St Fernand

Une Info par Jour

JOHNNY HALLYDAY

Sortie de l'album *Country Folk Rock* qui annonce, aux côtés de Johnny, la prééminence du parolier / chanteur / harmoniciste Michel Mallory.

28
JUIN

1972

☀ 5 h 49 ☀ 21 h 58

St Irénée

Une Info par Jour

JOHNNY HALLYDAY

29

JUIN

5 h 50 21 h 58

St Pierre, St Paul

Une Info par Jour

JOHNNY HALLYDAY

Sortie de l'album *Derrière l'amour*. Succès de vente massif grâce notamment aux hits : *Derrière l'amour*, *Requiem pour un fou*, *Gabrielle*…

30
JUIN

1976

5 h 50 21 h 58

St Martial

Une Info par Jour

JOHNNY HALLYDAY

Quelles paroles Johnny a-t-il chanté à propos de Jésus-Christ ?

« Il doit fumer de la marie-jeanne avec un regard bleu qui plane. »

1er
JUILLET

5 h 51 21 h 58

Fête nationale canadienne
St Thierry

Une Info par Jour

JOHNNY HALLYDAY

Johnny Hallyday démarre la tournée de *Rester Vivant Tour* à Nîmes durant laquelle il se produit 90 fois jusqu'en juillet 2016.

2
JUILLET

5 h 52 21 h 57

St Martinien

2015

Une Info par Jour

JOHNNY HALLYDAY

En 1973, Michel Sardou, Johnny et Sylvie se disputent la première place du hit-parade des 45 tours pendant plusieurs semaines. Quelles sont leurs chansons respectives ?

La maladie d'amour chanté par Michel Sardou et J'ai un problème chanté par Sylvie et Johnny.

3

JUILLET

5 h 52 21 h 57

St Thomas

Une Info par Jour

JOHNNY HALLYDAY

Si on chantait ?
Complétez les paroles :

« Les portes du pénitencier, bientôt vont se fermer et… »

4
JUILLET
5 h 53 — 21 h 57
St Florent

…C'est là que je finirai ma vie.

Une Info par Jour

JOHNNY HALLYDAY

5

JUILLET

☀ 5 h 54 ☀ 21 h 56

St Antoine

Une Info par Jour

JOHNNY HALLYDAY

Johnny a chanté *Rio Grande*. Vrai ou faux ?

Faux. C'est une chanson d'Eddy Mitchell.

6

JUILLET

☀ 5 h 54 ☀ 21 h 56

Ste Mariette

Une Info par Jour

JOHNNY HALLYDAY

Mai 1972, Johnny descend au Festival de Cannes à bord de sa toute nouvelle De Tomaso Pantera. L'immatriculation n'est encore que provisoire, mais après trois jours de fêtes un peu arrosées, il pulvérise complètement la voiture ! Le fabricant lui en renvoie une autre immédiatement !

7

JUILLET

5 h 55 21 h 55

St Raoul

Une Info par Jour

JOHNNY HALLYDAY

En quelle année est sortie
la chanson *Allumer le feu* ?

1998

8
JUILLET
5 h 56 21 h 55
St Thibault

Une Info par Jour

JOHNNY HALLYDAY

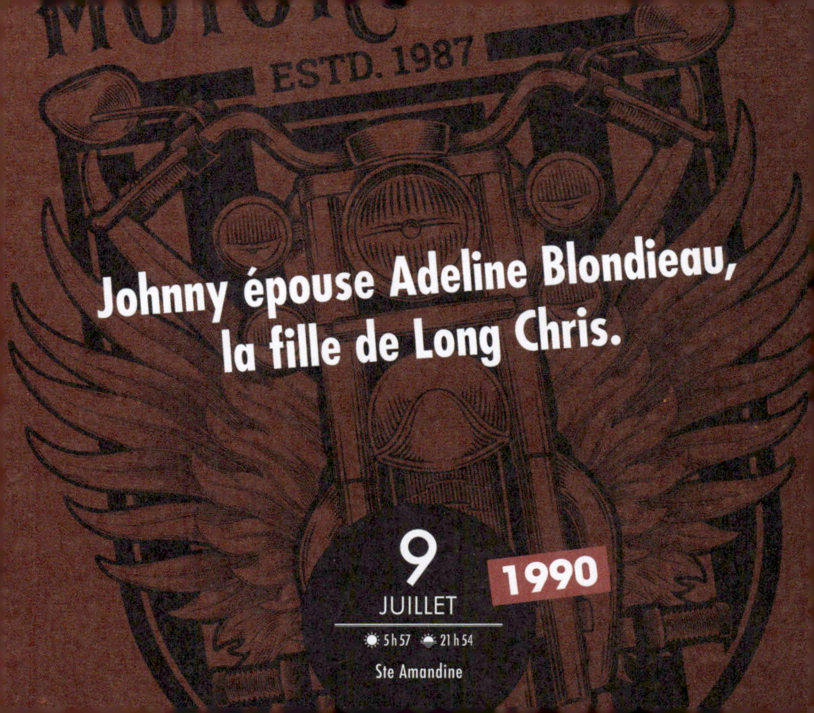

Johnny épouse Adeline Blondieau, la fille de Long Chris.

9
JUILLET

5 h 57 — 21 h 54

Ste Amandine

1990

Une Info par Jour

JOHNNY
HALLYDAY

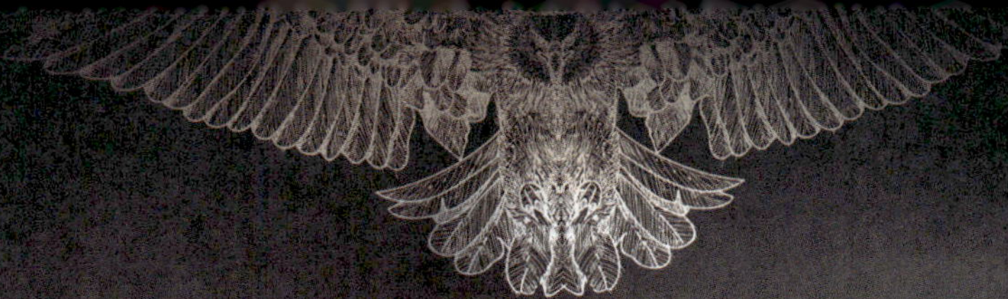

Sortie de l'album
Les rocks les plus terribles.

10
JUILLET
1964

5 h 58 — 21 h 54

St Ulrich

Une Info par Jour

JOHNNY HALLYDAY

Que voit-on sur la pochette de l'album *De l'amour*, sorti en 2015 ?

Un portrait de Johnny en noir et blanc

11
JUILLET

5 h 59 — 21 h 53

St Benoît, Ste Olga

Une Info par Jour

JOHNNY HALLYDAY

12

JUILLET

☀ 6 h 00 ☀ 21 h 52

St Olivier

Une Info par Jour

JOHNNY HALLYDAY

LE SAVIEZ-VOUS ?

Sur la chanson *J'ai un problème*, Sylvie et Johnny, pris de fous rire incontrôlés, ont dû enregistrer leurs voix séparément.

13

JUILLET

☀ 6h01 ☀ 21h51

St Henri, St Joël

Une Info par Jour

JOHNNY HALLYDAY

Johnny donne un concert gratuit au pied de la Tour Eiffel devant 700 000 à un million de spectateurs.

14

JUILLET

2009

6 h 02 21 h 51

Fête nationale française

St Camille

Une Info par Jour

JOHNNY
HALLYDAY

Si on chantait ?
Complétez les paroles :

« Les gens m'appellent l'idole des jeunes, il en est même qui… »

15
JUILLET

☀ 6 h 03 – 21 h 50

St Basile

...M'envient

Une Info par Jour

JOHNNY HALLYDAY

La tournée d'été « Johnny Circus » se déroule de juin à septembre 1972. Cinquante-quatre véhicules sont nécessaire pour transporter 300 tonnes de matériel et une centaine de personnes. Johnny se fait confectionner un superbe mobil-home, qui n'avance pas à plus de 80 km/h !

16
JUILLET

☀ 6 h 04 ☀ 21 h 49

Notre-Dame du Mont Carmel

Une Info par Jour

JOHNNY HALLYDAY

Classer ces trois chansons de la plus récente à la plus ancienne.

a) *Quelque chose de Tennessee*

b) *Que je t'aime*

c) *Vivre pour le meilleur*

c-b-a - *Vivre pour le meilleur* date de 1999, *Quelque chose de Tennessee* en 1985 et *Que je t'aime* en 1969

17

JUILLET

6 h 05 21 h 48

Ste Charlotte

Une Info par Jour

JOHNNY HALLYDAY

LE SAVIEZ-VOUS ?

Michel Mallory a écrit le texte de *Toute la musique que j'aime* dans sa voiture, stationné à Montmartre, dans la rue où il habitait… juste pour ne pas réveiller sa femme et sa fille.

Une Info par Jour

JOHNNY HALLYDAY

19
JUILLET

☀ 6 h 07 — 21 h 46

St Arsène

Une Info par Jour

JOHNNY HALLYDAY

Si on chantait ?
Complétez les paroles :
« Allumer le feu, allumer le feu et… »

…Faire danser les diables et les dieux

20
JUILLET
6 h 08 21 h 45
Ste Marina

Une Info par Jour

JOHNNY HALLYDAY

En près de 60 ans de carrière, Johnny a effectué 182 tournées et s'est produit sur scène 3253 fois, donnant des concerts exceptionnels qui ont attiré plus de 28 millions de spectateurs. Des spectacles magistraux, « à l'américaine ».

21
JUILLET

6 h 09 · 21 h 44

Fête nationale belge
St Daniel, St Victor

Une Info par Jour

JOHNNY HALLYDAY

En 1973, Johnny achète un magnifique Chopper à moteur Harley Shovelhead Fonte, à Los Angeles. Il le rapporte en France et réussit à le faire immatriculer, ce qui est impensable si on ne s'appelle pas Johnny Hallyday !

22

JUILLET

☀ 6 h 11 ☀ 21 h 43

Ste Marie-Madeleine

Une Info par Jour

JOHNNY
HALLYDAY

Johnny a reçu un World Music Award. Vrai ou faux ?

Faux

23

JUILLET

☀ 6 h 12 ☀ 21 h 42

Ste Brigitte

Une Info par Jour

JOHNNY HALLYDAY

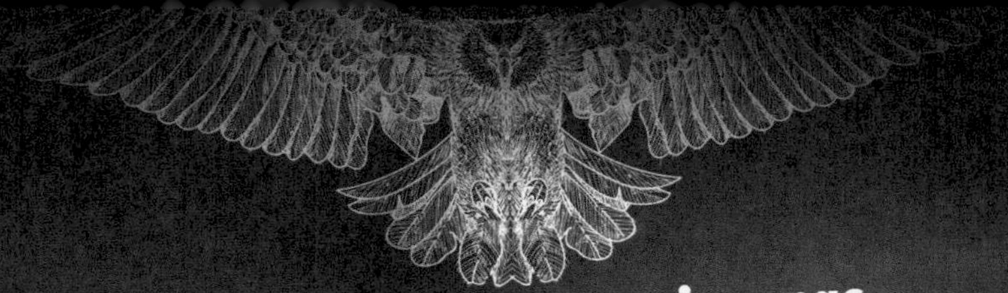

Johnny a fait ses premiers pas au cinéma dans *Les Diaboliques* d'Henri-Georges Clouzot. Vrai ou faux ?

Vrai, en 1955

24
JUILLET

6 h 13 21 h 40

Ste Christine

Une Info par Jour

JOHNNY HALLYDAY

Lorsque sur Europe n°1, Lucien Morisse casse le premier disque de Johnny Hallyday en affirmant : « C'est la première et la dernière fois que vous entendez Johnny Hallyday », de quel titre s'agit-il ?

T'aimer follement

25

JUILLET

☀ 6 h 14 ☀ 21 h 39

St Jacques

Une Info par Jour

JOHNNY HALLYDAY

Dans quel film Johnny Hallyday organise-t-il son propre enlèvement ?

L'aventure, c'est l'aventure, en 1972

26

JUILLET

☀ 6 h 15 ☀ 21 h 38

Ste Anne, St Joachim

Une Info par Jour

JOHNNY HALLYDAY

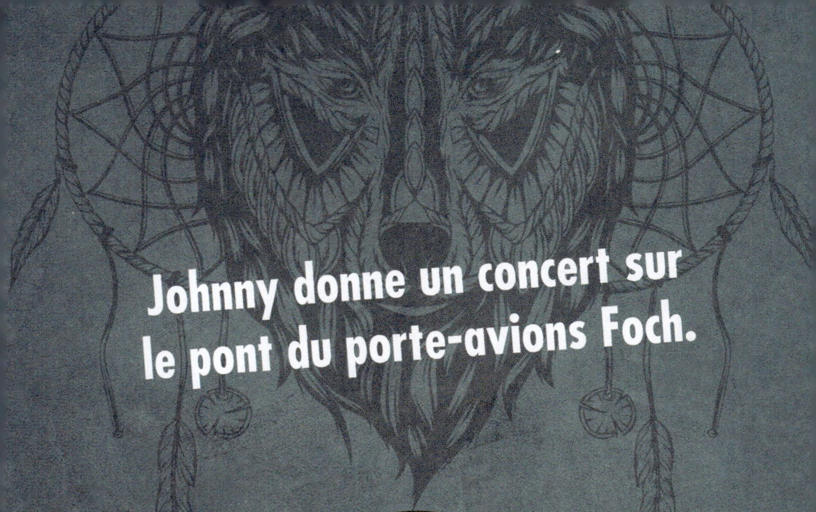

Johnny donne un concert sur le pont du porte-avions Foch.

27

JUILLET

1979

6 h 17 21 h 37

Ste Nathalie

Une Info par Jour

JOHNNY HALLYDAY

28

JUILLET

6 h 18 21 h 35

St Samson

Une Info par Jour

JOHNNY
HALLYDAY

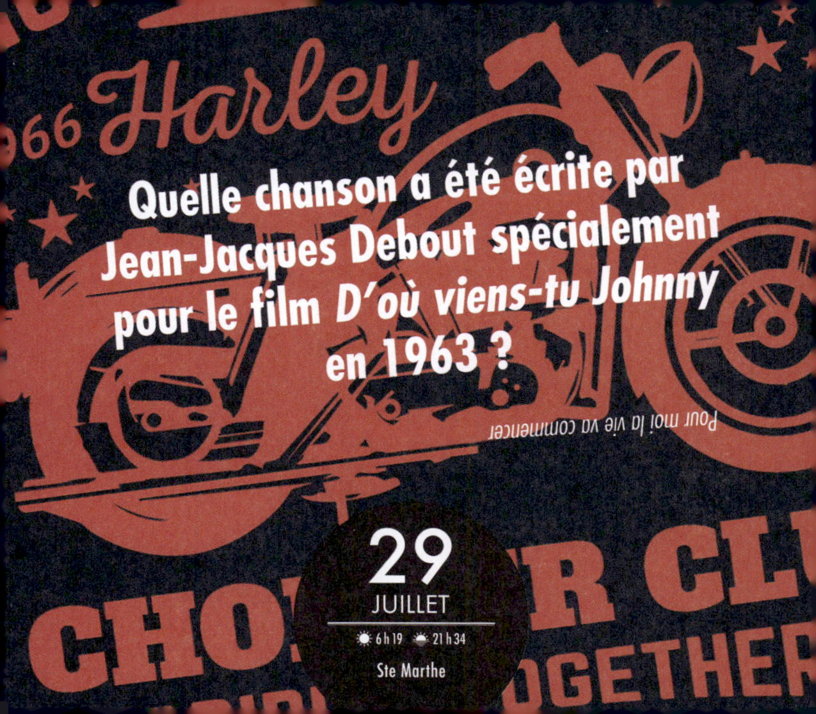

Quelle chanson a été écrite par Jean-Jacques Debout spécialement pour le film *D'où viens-tu Johnny* en 1963 ?

Pour moi la vie va commencer

29
JUILLET

6 h 19 — 21 h 34

Ste Marthe

Une Info par Jour

JOHNNY HALLYDAY

En quelle année Johnny Hallyday s'est-il produit pour la dernière fois au Stade de France ?

2012

30

JUILLET

6 h 21 21 h 33

Ste Juliette

Une Info par Jour

JOHNNY HALLYDAY

LE SAVIEZ-VOUS ?

Au printemps 1976, Long Chris doit adapter une chanson pour Johnny. Il cherche à changer les trois syllabes de « King is Dead »… Le prénom « Ga-bri-elle » lui vient à l'esprit en regardant le titre d'un célèbre hebdomadaire féminin… et la dernière syllabe qui le compose.

31

JUILLET

6 h 22 21 h 31

St Ignace de Loyola

Une Info par Jour

JOHNNY HALLYDAY

« Un artiste d'une grande intelligence, d'une grande intuition, d'un immense instinct, d'une grande timidité et d'une immense générosité. J'ai rarement eu un ami comme lui. »

Philippe Labro, auteur de 27 chansons de Johnny.

1er AOÛT

6 h 23 — 21 h 30

Fête nationale suisse
St Alphonse

Une Info par Jour

JOHNNY HALLYDAY

2
AOÛT

☀ 6 h 25 ☀ 21 h 28

St Julien

Une Info par Jour

JOHNNY HALLYDAY

Point culminant de la tournée d'été, aux arènes de Béziers, avec la présence de Michel Sardou qui partage l'affiche avec Johnny Hallyday.

3
AOÛT
6 h 26 21 h 27
Ste Lydie

1974

Une Info par Jour

JOHNNY HALLYDAY

Pour quelle cause Johnny Hallyday chante-t-il *Loving You* en 1992 ?

Le Sida

4

AOÛT

6 h 27 21 h 25

St Jean-Marie Vianney

Une Info par Jour

JOHNNY HALLYDAY

LE SAVIEZ-VOUS ?

C'est grâce à la reprise de Julio Iglesias *Me olvidé de vivir* que la chanson *J'ai oublié de vivre* a fait le tour du monde.

5

AOÛT

6 h 29 · 21 h 24

St Abel

Une Info par Jour

JOHNNY HALLYDAY

Si on chantait ?
Complétez les paroles :

« Gabrielle, tu brûles mon esprit, ton amour… »

6
AOÛT
6 h 30 21 h 22
St Octavien

…Étrangle ma vie

Une Info par Jour

JOHNNY HALLYDAY

Si on chantait ?
Complétez les paroles :

« À force de briser ma main sur… »

…Des guitares

7
AOÛT

6 h 31 21 h 21

St Gaétan

Une Info par Jour

JOHNNY HALLYDAY

Sortie en Angleterre de la chanson *The House Of The Rising Sun* des Animals. C'est Hugues Aufray qui adaptera pour Johnny la version française : *Le Pénitencier*. Énorme succès.

8
AOÛT

1964

6 h 33 21 h 19

St Dominique

Une Info par Jour

JOHNNY HALLYDAY

Johnny comprend vite l'intérêt de la télévision et devient le chouchou des médias. Il participe à l'émission *Tilt Magazine*, présenté par Michel Drucker.

9
AOÛT
6 h 34 21 h 17
St Amour

1967

Une Info par Jour

JOHNNY HALLYDAY

10

AOÛT

6 h 36 21 h 16

St Laurent

Une Info par Jour

JOHNNY HALLYDAY

Johnny domine les hit-parades avec l'adaptation de *Old time Rock'n'roll* de Bob Seger. *Le bon temps du rock'n'roll* deviendra un hymne lors de ses concerts.

11
AOÛT

1979

6 h 37 — 21 h 14

Ste Claire

Une Info par Jour

JOHNNY HALLYDAY

Si on chantait ?
Complétez les paroles :

« J'en parlerai au diable,
si l'heure... »

12
AOÛT
6 h 38 21 h 12
Ste Clarisse

...Vient à sonner

Une Info par Jour

JOHNNY
HALLYDAY

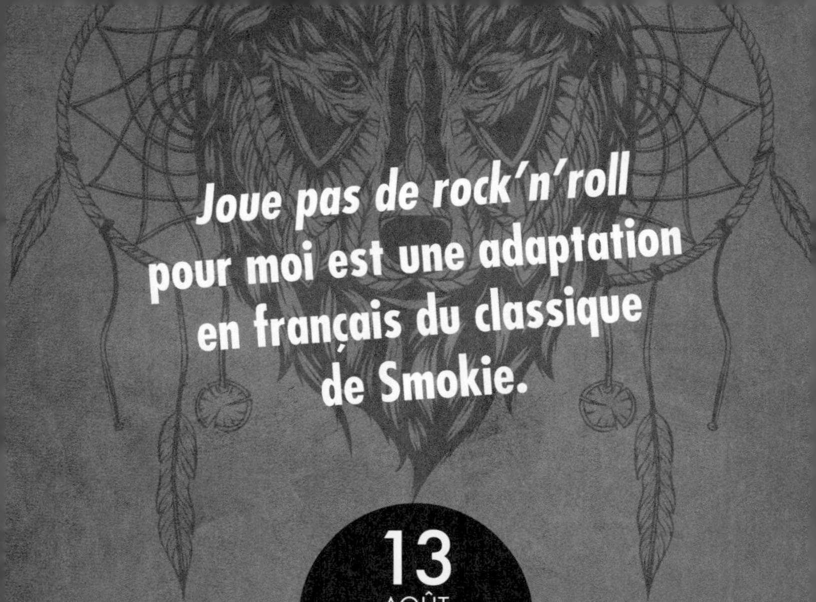

Joue pas de rock'n'roll pour moi est une adaptation en français du classique de Smokie.

13
AOÛT

6 h 40 — 21 h 10

St Hippolyte

Une Info par Jour

JOHNNY HALLYDAY

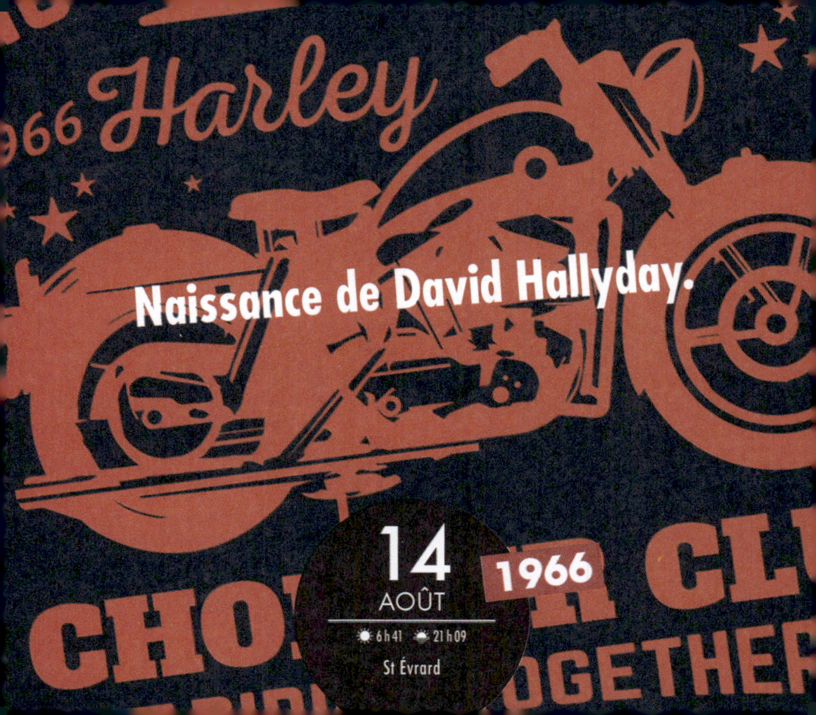

Naissance de David Hallyday.

14
AOÛT
1966

6 h 41 · 21 h 09

St Évrard

Une Info par Jour

JOHNNY HALLYDAY

LE SAVIEZ-VOUS ?

À l'été 1978, la chanson *Elle m'oublie* obtient le Grand Prix de la SACEM. Johnny la chante la première fois à la télévision le 18 juin 1978, au cours d'un « Numéro 1 » consacré à son ami Michel Sardou.

15
AOÛT

6 h 43 21 h 07

Assomption • Ste Marie

Une Info par Jour

JOHNNY HALLYDAY

Si on chantait ? Complétez les paroles :

« J'y crois comme à la terre, j'y crois comme… »

16

AOÛT

☀ 6 h 44 ☀ 21 h 05

St Armel

…Au soleil

Une Info par Jour

JOHNNY HALLYDAY

Si on chantait ?
Complétez les paroles :

« Qu'on me donne la faim, la soif puis... »

17
AOÛT

6 h 45 — 21 h 03

Ste Jeanne

...Un festin

Une Info par Jour

JOHNNY HALLYDAY

Septembre 1974, Johnny effectue un tour d'honneur sur le circuit Bugatti lors du Bol d'Or au guidon d'une Kawasaki, spécialement préparée pour lui. Énorme ovation !

18

AOÛT

6 h 47 · 21 h 01

Ste Hélène

Une Info par Jour

JOHNNY HALLYDAY

Le rocker franchi une nouvelle étape dans sa jeune carrière. Il quitte Vogue pour Philips, l'impresario Georges Leroux pour Johnny Stark, et son cousin Lee devient conseiller artistique.

19
AOÛT
6 h 48 20 h 59
St Jean Eudes

1961

Une Info par Jour

JOHNNY HALLYDAY

Si on chantait ?
Complétez les paroles :

« Il faudrait que la musique s'affole, comme au bon temps du... »

20
AOÛT
6 h 50 20 h 58
St Bernard

...Rock'n roll

Une Info par Jour

JOHNNY HALLYDAY

Si on chantait ?
Complétez les paroles :

« Oh, ma jolie... »

21
AOÛT

6 h 51 20 h 56

St Christophe

...Sarah

Une Info par Jour

JOHNNY HALLYDAY

Johnny entame les répétitions de la pièce de Tennessee Williams *Le paradis sur Terre* au Théâtre Edouard VII.

22
AOÛT
2001

6 h 52 20 h 54

St Fabrice

Une Info par Jour

JOHNNY HALLYDAY

23

AOÛT

6 h 54 20 h 52

Ste Rose

Une Info par Jour

JOHNNY HALLYDAY

De quelle chanson sont extraites les paroles : « *Je cherche celle qui serait mienne…* » ?

Retiens la nuit

24

AOÛT

6 h 55 20 h 50

St Barthélemy

Une Info par Jour

JOHNNY HALLYDAY

Février 1975 : Johnny commande une auto exceptionnelle en Angleterre. Une Panther De Ville jaune et noire, construite à 60 exemplaires, réplique de la Bugatti Royale. Pour faire plaisir à Sylvie, il demande que les sièges soient recouverts de cuir et de vison. Les initiales du chanteur sont gravées sur les enjoliveurs.

25

AOÛT

6 h 57 20 h 48

St Louis

Une Info par Jour

JOHNNY HALLYDAY

Johnny, confortablement installé dans son cinéma préféré de la place Clichy, découvre la vedette du film *Loving You*, un certain Elvis Presley… Le jeune homme de quatorze ans est sous le choc !

26
AOÛT

☀ 6 h 58 ☀ 20 h 46

Ste Natacha

1957

Une Info par Jour

JOHNNY HALLYDAY

27

AOÛT

☀ 7 h 00 ☀ 20 h 44

Ste Monique

Une Info par Jour

JOHNNY HALLYDAY

De quelle chanson sont extraites les paroles : « *Elle vient de là, elle vient du blues...* » ?

Toute la musique que j'aime

28
AOÛT

7 h 01 20 h 42

St Augustin

Une Info par Jour

JOHNNY HALLYDAY

LE SAVIEZ-VOUS ?

La chanson *Ma gueule* avait été écrite à l'origine pour la comédienne Alice Sapritch.

29
AOÛT

☀ 7 h 02 ☀ 20 h 40

Ste Sabine

Une Info par Jour

JOHNNY HALLYDAY

...Retiens la nuit

De quelle chanson sont extraites les paroles : « *Pour nous deux, jusqu'à la fin du monde...* » ?

30

AOÛT

7 h 04 — 20 h 38

St Fiacre

Une Info par Jour

JOHNNY HALLYDAY

Johnny est l'invité principal de l'émission Le Grand Échiquier de Jacques Chancel.

31
AOÛT
1978

7 h 05 20 h 36

St Aristide

Une Info par Jour

JOHNNY HALLYDAY

Première grande scène parisienne à *L'Alhambra*.

1er
SEPTEMBRE
1960

7 h 07 — 20 h 34

St Gilles

Une Info par Jour

JOHNNY HALLYDAY

De quelle chanson sont extraites les paroles : « *Tu brûles mon esprit, ton amour étrangle ma vie...* » ?

Gabrielle

2

SEPTEMBRE

7 h 08 20 h 32

Ste Ingrid

Une Info par Jour

JOHNNY HALLYDAY

Gabrielle paraît en single.
Plus encore qu'un succès vinylique, le titre deviendra un moment-clé des scènes du rocker.

3 SEPTEMBRE **1976**

7 h 09 · 20 h 30

St Grégoire

Une Info par Jour

JOHNNY HALLYDAY

C'est une pluie battante qui accueille les 80 000 spectateurs qui se rendent au Stade de France pour la première du concert de l'artiste. Le show est finalement annulé.

4
SEPTEMBRE
1998

7 h 11 — 20 h 28

Ste Rosalie

Une Info par Jour

JOHNNY HALLYDAY

5, 6 et 11 septembre : Shows au Stade de France, d'autant plus impressionnants que la star a une revanche à prendre sur le sort.

5
SEPTEMBRE
1998

7 h 12 — 20 h 26

Ste Raïssa

Une Info par Jour

JOHNNY HALLYDAY

De quelle chanson sont extraites les paroles : « *Je voudrais, dans tes bras nus me reposer...* » ?

Marie

6

SEPTEMBRE

7 h 14 20 h 23

St Bertrand

Une Info par Jour

JOHNNY HALLYDAY

Parution du 33 tours
La peur.

7
SEPTEMBRE
1982

☀ 7 h 15 ☀ 20 h 21

Ste Reine

Une Info par Jour

JOHNNY HALLYDAY

De quelle chanson sont extraites les paroles : « *Et même si c'est pas vrai si on te l'a trop fait...* » ?

Je te promets

8

SEPTEMBRE

7 h 17 — 20 h 19

St Adrien

Une Info par Jour

JOHNNY HALLYDAY

Sortie de l'album
Entre violence et violons.

9
SEPTEMBRE
1983

☀ 7 h 18 ☀ 20 h 17

St Alain

Une Info par Jour

JOHNNY HALLYDAY

Sortie de l’album *Sang pour sang*, dont toutes les musiques sont signées par David Hallyday, le fils de Johnny.

10
SEPTEMBRE

1999

☀ 7 h 19 ☀ 20 h 15

Ste Inès

Une Info par Jour

JOHNNY HALLYDAY

11

SEPTEMBRE

☀ 7 h 21 ☀ 20 h 13

St Adelphe

Une Info par Jour

JOHNNY HALLYDAY

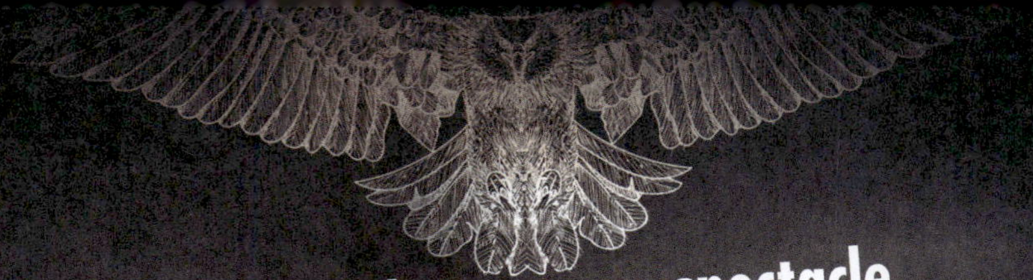

Première du nouveau spectacle à Bercy, précédée, la veille, d'un show réservé aux membres du fan-club.

12
SEPTEMBRE
1995

7 h 22 20 h 11

St Apollinaire

Une Info par Jour

JOHNNY HALLYDAY

13
SEPTEMBRE

☀ 7 h 24 ☀ 20 h 09

St Aimé

Une Info par Jour

JOHNNY HALLYDAY

Première représentation du spectacle *Fantasmhallyday* au Palais des Sports. Rappelant l'univers du film *Mad Max*, la première partie demande au chanteur de se lancer à corps perdu dans une série de combats à haut risque. Il recevra plusieurs coups handicapants, notamment à la hanche, durant ces affrontements « barbares ».

14 SEPTEMBRE 1982

7 h 25 20 h 07

Croix glorieuse

Une Info par Jour

JOHNNY HALLYDAY

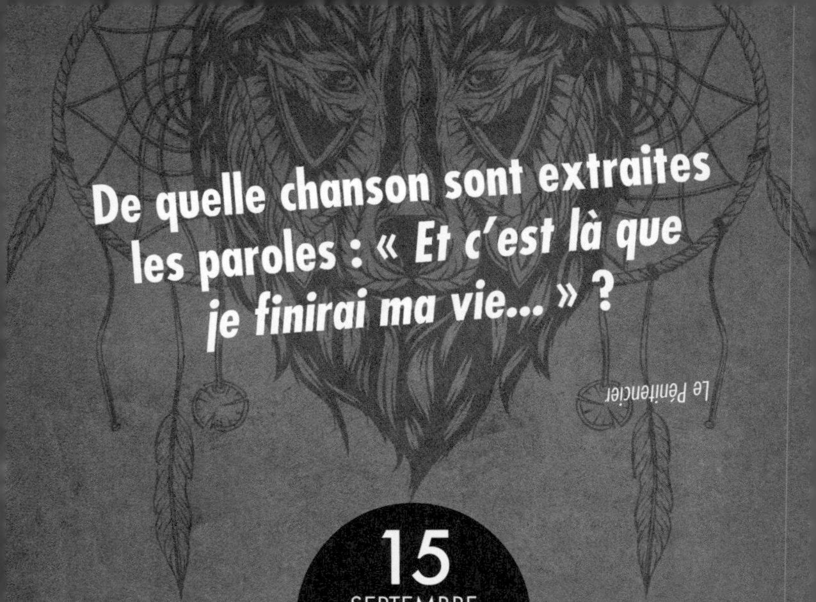

De quelle chanson sont extraites les paroles : « *Et c'est là que je finirai ma vie...* » ?

Le Pénitencier

15

SEPTEMBRE

☀ 7 h 26 ☀ 20 h 04

St Roland

Une Info par Jour

JOHNNY HALLYDAY

À partir du 15 septembre : Johnny Hallyday va se produire à Bercy pour trois semaines, à guichets fermés. Il démarre ensuite une tournée marathon qui durera plus d'un an et demi.

16
SEPTEMBRE

1987

7 h 28 · 20 h 02

Ste Édith

Une Info par Jour

JOHNNY HALLYDAY

Publication de l'album *La Terre promise* enregistré à Nashville où Johnny n'était pas venu travailler depuis 1962.

17
SEPTEMBRE

1975

7 h 29 — 20 h 00

St Renaud

Une Info par Jour

JOHNNY HALLYDAY

Johnny participe à la première émission télé *Âge tendre et tête de bois*. Cette émission deviendra le rendez-vous culte de la jeunesse devant le petit écran.

18 SEPTEMBRE **1961**

☀ 7 h 31 ☀ 19 h 58

Ste Océane

Une Info par Jour

JOHNNY HALLYDAY

De quelle chanson sont extraites les paroles : « *Le temps passé me remplit de toi...* » ?

Laura

19

SEPTEMBRE

☀ 7 h 32 🌅 19 h 56

Ste Émilie

Une Info par Jour

JOHNNY HALLYDAY

Johnny s'installe à l'Olympia, en tête d'affiche, pour la première fois.

20 SEPTEMBRE **1961**

7 h 34 — 19 h 54

St Jean-Charles

Une Info par Jour

JOHNNY HALLYDAY

Parution de l'album
Pas facile.

21
SEPTEMBRE
1981

7 h 35 — 19 h 52

St Matthieu

Une Info par Jour

JOHNNY HALLYDAY

De quelle chanson sont extraites les paroles : « *Au-delà de nos différences, on se ressemble...* » ?

Sang pour sang

22

SEPTEMBRE

7 h 36 19 h 49

Automne • St Maurice

Une Info par Jour

JOHNNY HALLYDAY

Johnny est à la première place des ventes de singles en France avec *La Loi du silence*.

23 2006

SEPTEMBRE

7 h 38 19 h 47

St Constant

Une Info par Jour

JOHNNY
HALLYDAY

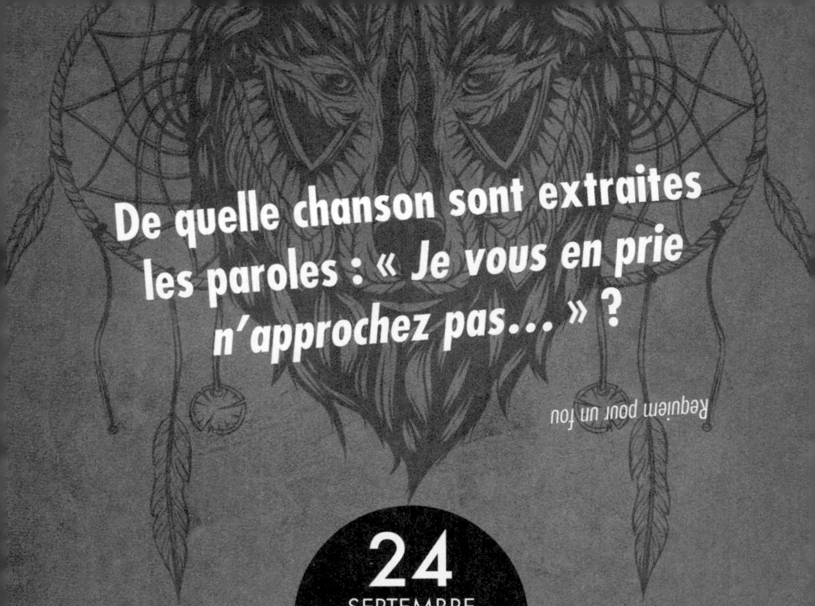

De quelle chanson sont extraites les paroles : « *Je vous en prie n'approchez pas...* » ?

Requiem pour un fou

24
SEPTEMBRE

☀ 7 h 39 ☀ 19 h 45

St Anatole

Une Info par Jour

JOHNNY HALLYDAY

25

SEPTEMBRE

☀ 7 h 41 ☀ 19 h 43

St Hermann

Une Info par Jour

JOHNNY HALLYDAY

Si on chantait ?
Complétez les paroles :
« Au-delà de nos différences, des coups de gueule, des coups… »

26
SEPTEMBRE

☀ 7 h 42 ☀ 19 h 41

St Côme, St Damien

…De sang

Une Info par Jour

JOHNNY HALLYDAY

27
SEPTEMBRE

☀ 7h44 ☁ 19h39

St Vincent de Paul

Une Info par Jour

JOHNNY HALLYDAY

Si on chantait ?
Complétez les paroles :

« C'est ma dernière cigarette, mon dernier verre… »

28
SEPTEMBRE

7 h 45 · 19 h 37

St Venceslas

...De rhum

Une Info par Jour

JOHNNY HALLYDAY

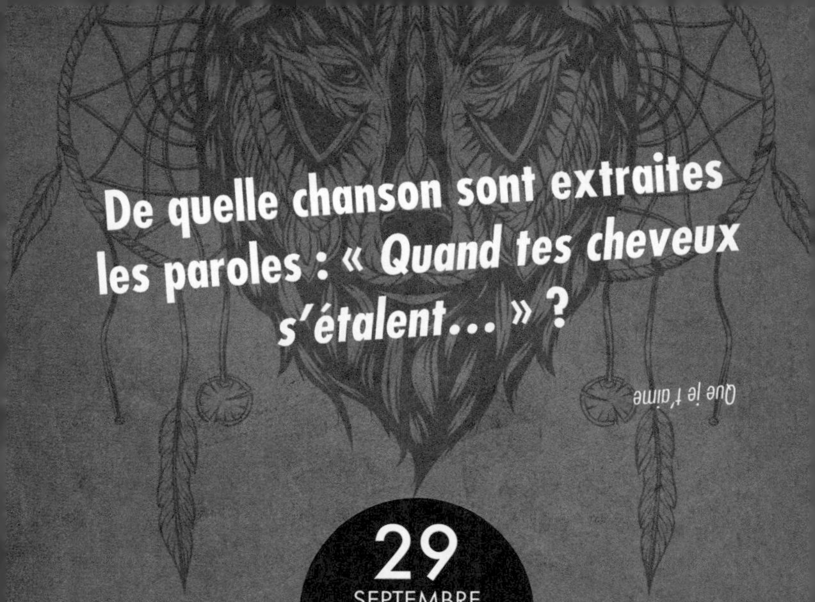

De quelle chanson sont extraites les paroles : « *Quand tes cheveux s'étalent…* » ?

Que je t'aime

29

SEPTEMBRE

☀ 7h47 ☀ 19h35

St Gabriel, St Michel

Une Info par Jour

JOHNNY HALLYDAY

30
SEPTEMBRE

☀ 7 h 48 ☀ 19 h 32

St Jérôme

Une Info par Jour

JOHNNY HALLYDAY

La revue américaine *Rolling Stones* consacre *Excuse-moi partenaire* enregistré par Johnny, en 1963, comme la meilleure la reprise du classique de blues intitulé *Cuttin'in* de Johnny Guitar Watson.

1er
OCTOBRE

1988

7 h 49 19 h 30

Ste Thérèse de l'enfant Jésus

Une Info par Jour

JOHNNY HALLYDAY

Johnny apparaît sur l'album de son ami Eddy Mitchell *Jambalaya* en duo avec lui sur le titre *On veut des légendes* et en trio avec Little Richard et Eddy sur la reprise *Elle est terrible.*

2
OCTOBRE

7 h 51 19 h 28

St Léger

2006

Une Info par Jour

JOHNNY HALLYDAY

Mon pays c'est l'amour : dernier album de Johnny. Meilleure vente de 2018 avec un peu plus de 1,4 million d'exemplaires vendus en dix semaines seulement. Dix semaines consécutives où il s'est évidemment classé n°1 des ventes.

3
OCTOBRE

7 h 52 19 h 26

St Gérard

Une Info par Jour

JOHNNY HALLYDAY

Sortie de l'album *Rough Town*, entièrement en anglais.

4 OCTOBRE 1994

7 h 54 — 19 h 24

St François d'Assise

Une Info par Jour

JOHNNY HALLYDAY

Si on chantait ?
Complétez les paroles :

« Ouais, mon amour viens de… »

5
OCTOBRE
7 h 55 19 h 22
Ste Fleur

…Partir

Une Info par Jour

JOHNNY HALLYDAY

Le Pénitencier est une chanson enregistrée par Johnny en 1964. Il s'agit de l'adaptation française du standard américain *The House of the Rising Sun* dont la version blues est caractérisée par un long solo d'orgue.

6

OCTOBRE

7 h 57 19 h 20

St Bruno

Une Info par Jour

JOHNNY HALLYDAY

Dans *J'en parlerai au diable*, Johnny évoque sans fioriture sa vie écoulée, ses erreurs, ses excès et tous les douloureux moments qu'il a dû traverser et qu'il n'a jamais oubliés : « Si jamais on me dit ça tu le mérites, je l'ai sûrement cherché, que j'ai trop flirté avec les limites, je ne vais pas le nier. »

7
OCTOBRE

☀ 7 h 58 ☀ 19 h 18

St Serge

Une Info par Jour

JOHNNY HALLYDAY

Le titre *Je te promets* s'écoule à plus de 400 000 exemplaires en France à sa sortie, en 1987. Suite au décès du chanteur en décembre 2017, le titre devient n°1 des ventes, ce qui lui vaut d'être Disque d'Or en septembre 2018.

8

OCTOBRE

8h00 19h16

Ste Pélagie

Une Info par Jour

JOHNNY HALLYDAY

Du 9 au 13 octobre : L'émission de Patrick Sabatier *Avis de recherche* consacré à Johnny Hallyday affole les instruments de contrôle du Médiamat.

9

OCTOBRE

8h01 19h14

St Denis

1989

Une Info par Jour

JOHNNY HALLYDAY

De quelle chanson sont extraites les paroles : « *Tu étais pour moi ma dernière chance…* » ?

Marie

10
OCTOBRE

8 h 03 19 h 12

St Hugo

Une Info par Jour

JOHNNY HALLYDAY

LE SAVIEZ-VOUS ?

En interprétant *Le chanteur abandonné*, c'est à Claude François que Johnny pense.

11
OCTOBRE

☀ 8 h 04 ☀ 19 h 10

St Firmin

Une Info par Jour

JOHNNY HALLYDAY

12
OCTOBRE

8 h 06 19 h 08

St Wilfried

Une Info par Jour

JOHNNY HALLYDAY

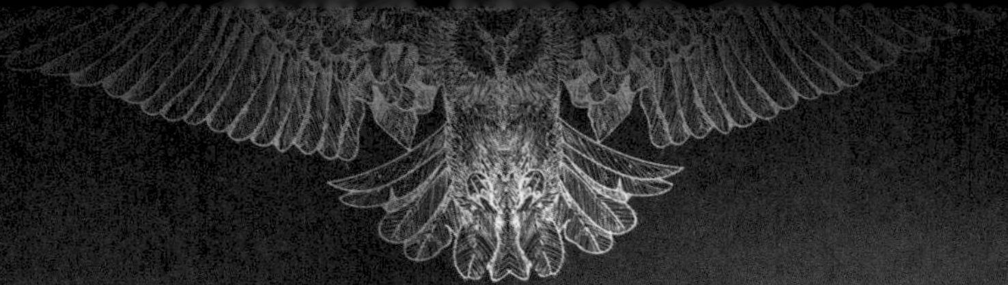

En 1978, influencé par Claude François qui possédait la même, Johnny craque pour la confortable et performante Mercedes 450 Sel 6,9 L.

13
OCTOBRE

8h07 19h06

St Géraud

Une Info par Jour

JOHNNY HALLYDAY

Le 29e album live de Johnny Hallyday s'intitule *Rester Vivant Tour*.

14
OCTOBRE
2016

8h09 19h04

St Céleste

Une Info par Jour

JOHNNY HALLYDAY

Si on chantait ?
Complétez les paroles :

« Mais tout ceci ne m'empêche pas de penser : "Cette fille-là, mon vieux… »

15
OCTOBRE
8 h 10 19 h 02
Ste Thérèse d'Avila

…Elle est terrible !

Une Info par Jour

JOHNNY HALLYDAY

En mai 1982, pour le tournage de son clip *Le Survivant*, il choisit de chevaucher une Kawasaki Z 1000 LTD. Malheureusement, durant les prises de vue sur les plages du Touquet, il se blesse sérieusement à la hanche.

16
OCTOBRE

☀ 8h12 ☀ 19h00

Ste Edwige

Une Info par Jour

JOHNNY HALLYDAY

17

OCTOBRE

☀ 8h13 ☀ 18h58

St Baudouin

Une Info par Jour

JOHNNY HALLYDAY

De quelle chanson sont extraites les paroles : « *T'as rien dit tu l'as déjà dit…* » ?

Ma gueule

18

OCTOBRE

☀ 8 h 15 ☀ 18 h 56

St Luc

Une Info par Jour

JOHNNY HALLYDAY

Johnny Hallyday fête ses 20 ans de carrière au Pavillon de Paris. Au programme : effets spéciaux, chorégraphies originales et répertoire riche en titres inédits. Johnny chante *Ma gueule.*

19
OCTOBRE

1979

8 h 16 · 18 h 54

St René

Une Info par Jour

JOHNNY HALLYDAY

Sortie de l'album
Tant pis… c'est la vie
dernière collaboration avec
Jacques Revaux.

20
OCTOBRE
1977

☀ 8h18 ☀ 18h52

Ste Adeline

Une Info par Jour

JOHNNY HALLYDAY

Sortie du single *Marie*, chanson écrite et produite par Gérald de Palmas. Titre phare de l'album *À la vie, à la mort !* La chanson obtient un grand succès et s'écoule à un million quatre cent mille exemplaires.

21 OCTOBRE 2002

8 h 20 18 h 50

Ste Céline

Une Info par Jour

JOHNNY HALLYDAY

L'Envie est écrite par Jean-Jacques Goldman à la fin des années 1970. Il la propose alors à Michel Sardou qui la refuse. Goldman la range alors « dans ses tiroirs » et l'oublie durant quelques années ; jusqu'au jour où Johnny le sollicite pour écrire quelques titres d'un album en gestation...

22

OCTOBRE

8 h 21 18 h 48

Ste Élodie

Une Info par Jour

JOHNNY HALLYDAY

Johnny annonce son retour sur scène à Paris pour 2006, au Palais des Sports et avec une tournée baptisée *Flashback*.

23
OCTOBRE
2004

8 h 23   18 h 47

St Jean de Capistran

Une Info par Jour

JOHNNY HALLYDAY

Si on chantait ?
Complétez les paroles :

« Diego, libre dans sa tête.
Derrière sa fenêtre… »

24
OCTOBRE

8h24 18h45

St Florentin

…Déjà mort peut-être

Une Info par Jour

JOHNNY HALLYDAY

Johnny commence une série de concerts au Zénith qui va durer trois mois. Un immense avant-bras et une main métallique de plus de quinze mètres de long amène l'artiste sur scène, 4 000 projecteurs sont installés, des danseurs, des cascadeurs, une guillotine et une bagarre au fouet, le chanteur n'a pas lésiné sur la mise en scène.

25
OCTOBRE
1984

8 h 26 — 18 h 43

St Crépin

Une Info par Jour

JOHNNY HALLYDAY

Première d'une longue série de concerts au Zénith. C'est, à ce jour, la plus longue présence de l'Idole sur scène dans la capitale française (la dernière n'aura lieu que le 2 février 1985).

26
OCTOBRE
1984

7 h 27 17 h 41

St Dimitri

Une Info par Jour

JOHNNY HALLYDAY

Sortie de l'album *Ça ne finira jamais* où figure en duo avec Joss Stone une reprise d'*Enchained melody*.

27
OCTOBRE

2008

7 h 29 · 17 h 39

Ste Émeline

Une Info par Jour

JOHNNY HALLYDAY

Du 28 octobre au 1er novembre :
Série de spectacles à *La Cigale*
et mini-tournées européenne.
Robin Lemesurier devient le soliste
de référence de l'artiste.
Il l'est toujours aujourd'hui.

28
OCTOBRE
1994

7 h 30 17 h 38

St Jude

Une Info par Jour

JOHNNY HALLYDAY

29
OCTOBRE

☀ 7 h 32 ☀ 17 h 36

St Narcisse

Une Info par Jour

JOHNNY HALLYDAY

Sortie sur les écrans
de son véritable premier film,
D'où viens-tu Johnny ?
Gros succès en salle.

30
OCTOBRE

1963

7 h 34 17 h 34

Ste Bienvenue

Une Info par Jour

JOHNNY HALLYDAY

C'est au guidon d'une magnifique Kawasaki 900 Ninja entièrement dorée que Johnny fait son entrée sur la scène du Palais des Sports en 1982.

31

OCTOBRE

7 h 35 17 h 32

St Quentin

Une Info par Jour

JOHNNY HALLYDAY

Laura est une chanson écrite et composée par Jean-Jacques Goldman. Elle figure sur le 35e album studio du chanteur, *Gang*, sorti en 1986. Le texte évoque Laura Smet, la fille — alors âgée de trois ans — de Johnny Hallyday et de Nathalie Baye.

1er
NOVEMBRE

7 h 37 17 h 31

Toussaint

Une Info par Jour

JOHNNY
HALLYDAY

2
NOVEMBRE

☀ 7 h 38 ☀ 17 h 29

Défunts

Une Info par Jour

JOHNNY HALLYDAY

Si on chantait ?
Complétez les paroles :

« Il y a longtemps sur des guitares, des mains noires lui donnaient le jour pour... »

...Chanter les peines et les espoirs

3
NOVEMBRE

7 h 40 17 h 28

St Hubert

Une Info par Jour

JOHNNY HALLYDAY

Sortie du double-album *À la vie, à la mort*. Le single *Marie* s'envole dans les hit-parades. C'est encore aujourd'hui la plus grosse vente single de sa discographie.

4
NOVEMBRE
2002

7 h 42 17 h 26

St Charles

Une Info par Jour

JOHNNY HALLYDAY

Johnny Hallyday et Sylvie Vartan divorcent.

5
NOVEMBRE
1980

7 h 43 17 h 24

Ste Sylvie

Une Info par Jour

JOHNNY HALLYDAY

Sortie de l'album *Vie qui fait* la part belle au texte de Philippe Labro : *Essayez, Poème sur la 7ème*

6
NOVEMBRE
1970

7 h 45 17 h 23

St Léonard

Une Info par Jour

JOHNNY HALLYDAY

Sortie de l'album
Ma vérité **emmené par les hits**
Ma religion dans son regard
et ***Mon plus beau Noël.***

7 NOVEMBRE 2005

7 h 46 17 h 21

Ste Karine

Une Info par Jour

JOHNNY HALLYDAY

Coup d'envoi du tournage de *L'homme du train*, le film de Patrice Leconte, où Johnny donne la réplique à Jean Rochefort. Ce rôle lui vaut le prix Jean Gabin.

8
2001
NOVEMBRE

7 h 48 17 h 20

St Geoffroy

Une Info par Jour

JOHNNY HALLYDAY

Du 5 au 10 novembre :
Eddy Mitchell, Jacques Dutronc et Johnny Hallyday montent sur scène pour six concerts exceptionnels à Bercy : *Les Vieilles Canailles* sont nées.

9
NOVEMBRE
2014

7 h 50 17 h 19

St Théodore

Une Info par Jour

JOHNNY HALLYDAY

À partir de 1987, Johnny tourne une série pour la télévision : *David Lansky*. Le commissaire a choisi le bicylindre Kawasaki 1500 Sumo. Une moto qui en impose.

10

NOVEMBRE

7 h 51 17 h 17

St Léon

Une Info par Jour

JOHNNY HALLYDAY

Nouvel album studio
Le cœur d'un homme,
le premier chez Warner Music,
d'inspiration bluesy.

11
NOVEMBRE **2007**

☀ 7 h 53 ☀ 17 h 16

Armistice 1918 • St Martin

Une Info par Jour

JOHNNY HALLYDAY

Parution de l'album studio *L'attente* réalisé par Yvan Cassar.

12

NOVEMBRE

2012

7 h 54 17 h 15

St Christian

Une Info par Jour

JOHNNY HALLYDAY

À la surprise générale, Johnny Hallyday sort son 50e album studio intitulé *De l'amour* et réalisé par Yodelice.

13
NOVEMBRE
2015

7 h 56 · 17 h 13

St Brice

Une Info par Jour

JOHNNY HALLYDAY

Si on chantait ?
Complétez les paroles :

« De semaines inutiles en futiles dimanches. De secondes immobiles aux aiguilles qui penchent. J'oublierai… »

14
NOVEMBRE
7 h 57 — 17 h 12
St Sidoine

…Ton nom

Une Info par Jour

JOHNNY HALLYDAY

Naissance de Laura Smet.

15
NOVEMBRE
1983

7 h 59 — 17 h 11

St Albert

Une Info par Jour

JOHNNY HALLYDAY

LE SAVIEZ-VOUS ?

À l'origine, David Hallyday avait composé la chanson *Mirador* pour son deuxième album studio. Finalement comme son père lui propose au même moment de travailler pour la première fois avec lui, il décide de lui donner cette chanson.

16

NOVEMBRE

☀ 8 h 01 ☀ 17 h 10

Ste Marguerite

Une Info par Jour

JOHNNY HALLYDAY

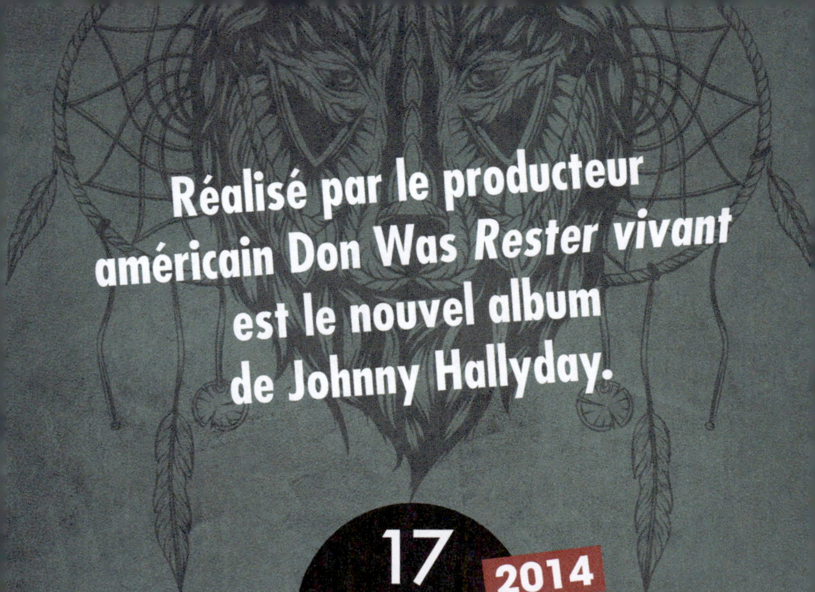

Réalisé par le producteur américain Don Was *Rester vivant* est le nouvel album de Johnny Hallyday.

17 NOVEMBRE 2014

☀ 8 h 02 ☀ 17 h 08

Ste Élisabeth

Une Info par Jour

JOHNNY HALLYDAY

18
NOVEMBRE
8h04 17h07
Ste Aude

Une Info par Jour

JOHNNY HALLYDAY

En 1990, Johnny effectue un road trip de La Nouvelle-Orléans à Los Angeles au guidon d'une Harley-Davidson Heritage Softail 1340, sa moto préférée pour faire de la route.

19

NOVEMBRE

8h05 17h06

St Tanguy

Une Info par Jour

JOHNNY HALLYDAY

LE SAVIEZ-VOUS ?

Johnny a enregistré *Allumer le feu* en une seule prise. La version qui figure sur le disque dure 5 minutes 29 secondes.

20
NOVEMBRE

8h07 17h05

St Edmond

Une Info par Jour

JOHNNY HALLYDAY

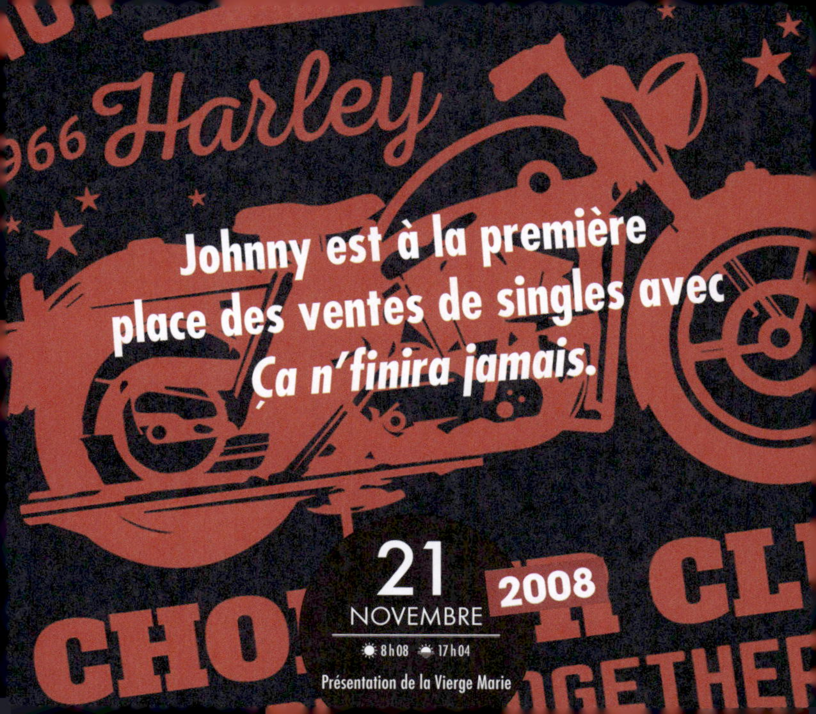

Johnny est à la première place des ventes de singles avec *Ça n'finira jamais*.

21
NOVEMBRE
2008

8 h 08 — 17 h 04

Présentation de la Vierge Marie

Une Info par Jour

JOHNNY HALLYDAY

22

NOVEMBRE

8 h 10 17 h 03

Ste Cécile

Une Info par Jour

JOHNNY HALLYDAY

Si on chantait ?
Complétez les paroles :

« Je n'ai jamais pleuré. On m'a giflé on m'a cogné, on m'a laissé... »

23
NOVEMBRE

8 h 11 17 h 02

St Clément

...Tomber dans l'escalier

Une Info par Jour

JOHNNY HALLYDAY

Si on chantait ?
Complétez les paroles :

« Allez, vous portez nos espoirs,
vous gravez notre histoire.
Et dans nos cœurs vous... »

...Serez toujours vainqueurs

24
NOVEMBRE

8h13 17h01

Ste Flora

Une Info par Jour

JOHNNY HALLYDAY

Un petit nouveau accompagne Johnny à la batterie lors de sa dernière au Pavillon de Paris : David Halliday.

25
NOVEMBRE
1978

8h14 17h01

Ste Catherine

Une Info par Jour

JOHNNY HALLYDAY

Johnny épouse en secondes noces Babette Étienne. Mariage éclair, ils divorceront 3 mois plus tard.

26 NOVEMBRE 1981

8h15 17h00

Ste Delphine

Une Info par Jour

JOHNNY HALLYDAY

En concert à Bercy,
Johnny Hallyday interprète le titre *Un dimanche de janvier* extrait de son dernier album en hommage aux victimes des attentats terroristes de janvier à Paris.

27
NOVEMBRE
2015

8h17 16h59

St Virgile

Une Info par Jour

JOHNNY HALLYDAY

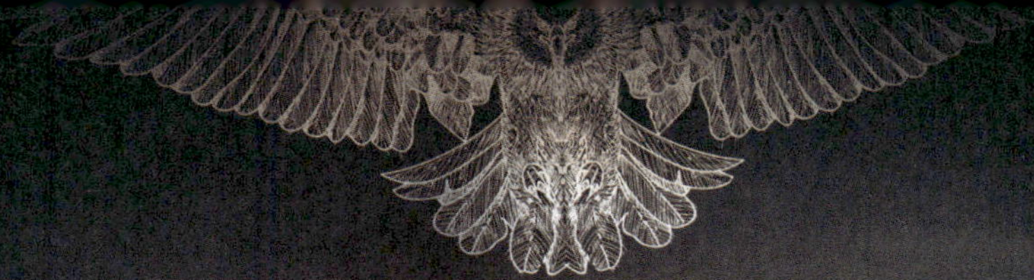

Johnny tourne *Vengeance*, le film du réalisateur Johnnie To, un polar noir et violent.

28 NOVEMBRE 2008

8h18 16h58

St Jacques de la Marche

Une Info par Jour

JOHNNY HALLYDAY

29
NOVEMBRE
8 h 19 16 h 58
St Saturnin

Une Info par Jour

JOHNNY HALLYDAY

Si on chantait ?
Complétez les paroles :

« Avant qu'elle me renie, que je frôle les ténèbres. Que du fond de mon lit, plus rien... »

30
NOVEMBRE

8 h 21 16 h 57

St André

...N'en vaille la peine

Une Info par Jour

JOHNNY HALLYDAY

Sortie de *Salut les Copains*, premier 33 tours Philips, dont la version luxe s'ouvre et contient un poster.

1er DÉCEMBRE 1961

8 h 22 16 h 57

Ste Florence

Une Info par Jour

JOHNNY HALLYDAY

Le CD *Sang pour sang* passe officiellement le cap des 1 million d'exemplaires vendus. Le chiffre sera doublé un an plus tard. C'est toujours la plus importante vente album de sa discographie.

2
DÉCEMBRE
1999

8 h 23 16 h 56

Ste Viviane

Une Info par Jour

JOHNNY HALLYDAY

Si on chantait ?
Complétez les paroles :

« Un goût de bonheur qui vient au bon moment. Un goût d'espoir au milieu des tourments. Plus les coups sont durs… »

3
DÉCEMBRE

8 h 25 — 16 h 56

St François-Xavier

Une Info par Jour

JOHNNY HALLYDAY

Le clip *J'en parlerai au diable* est réalisé par François Goetghebeur et est illustré par des images tournées lors du road trip de l'artiste en 2016 sur la route 66.

4
DÉCEMBRE

8h26 16h55

Ste Barbara

Une Info par Jour

JOHNNY HALLYDAY

Mon plus beau Noël est une chanson écrite et composée par Fred Blondin et figurant sur l'album *Ma vérité* sorti en 2005. Cette chanson a été composée à l'occasion de l'adoption de sa fille Jade.

5

DÉCEMBRE

8h27 16h55

St Gérald

Une Info par Jour

JOHNNY HALLYDAY

« Johnny Hallyday est parti. J'écris ces mots sans y croire. Et pourtant c'est comme cela. Mon homme n'est plus. Il nous quitte cette nuit comme il aura vécu tout au long de sa vie, avec courage et dignité. »

Laeticia Hallyday

6 DÉCEMBRE 2017

8 h 28 16 h 55

St Nicolas

Une Info par Jour

JOHNNY HALLYDAY

Si on chantait ?
Complétez les paroles :

« Y a des «flat case» qui traînent sur scène. Et on démonte les… »

7
DÉCEMBRE
☀ 8h29 ☀ 16h54
St Ambroise

...Projecteurs

Une Info par Jour

JOHNNY HALLYDAY

Johnny reçoit sa Victoire de la Musique du chanteur de l'année.

8
DÉCEMBRE
1987

8 h 30 16 h 54

Immaculée Conception

Une Info par Jour

JOHNNY HALLYDAY

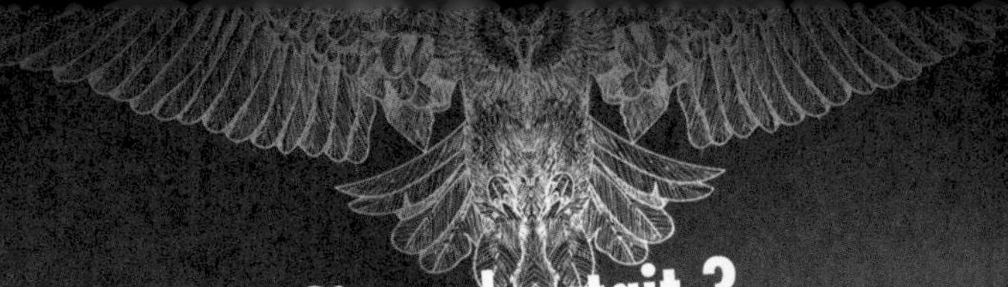

Si on chantait ? Complétez les paroles :

« À force de tout briser. De me croire éternel. J'avais fini par aimer… »

...L'enfer plus que le ciel

9

DÉCEMBRE

8 h 32 16 h 54

St Pierre Fourier

Une Info par Jour

JOHNNY HALLYDAY

Sortie de l'album
Ça ne change pas un homme.

10
DÉCEMBRE
1991

8 h 33 – 16 h 54

Ste Eulalie

Une Info par Jour

JOHNNY HALLYDAY

11

DÉCEMBRE

8 h 34 16 h 54

St Arthur

Une Info par Jour

JOHNNY HALLYDAY

Si on chantait ?
Complétez les paroles :

« Et mon passé sort de l'oubli.
Foulant le sol de la prairie... »

12
DÉCEMBRE
8 h 34 – 16 h 54
St Corentin

...Chevauchant avec mes amis

Une Info par Jour

JOHNNY HALLYDAY

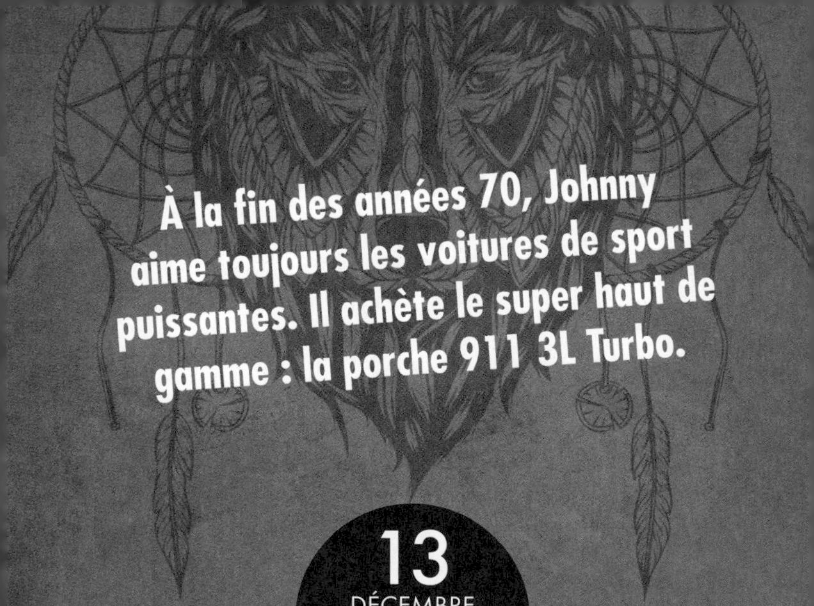

À la fin des années 70, Johnny aime toujours les voitures de sport puissantes. Il achète le super haut de gamme : la porche 911 3L Turbo.

13

DÉCEMBRE

8 h 35 16 h 54

Ste Lucie

Une Info par Jour

JOHNNY HALLYDAY

Johnny participe au lancement de l'association de Coluche *Les Restos du cœur.*

14
DÉCEMBRE
1985

8 h 36 · 16 h 54

Ste Odile

Une Info par Jour

JOHNNY HALLYDAY

Si on chantait ?
Complétez les paroles :

« À force de courir la Terre comme un éclair. Brisant les murs du son. En bouquets... »

15
DÉCEMBRE
8 h 37 16 h 54
Ste Ninon

...De laser

Une Info par Jour

JOHNNY HALLYDAY

Si on chantait ?
Complétez les paroles :

« T'as rien dit tu l'as déjà dit.
On n'va pas y passer la nuit.
Ma gueule et moi, on est d'sortie.
On cherchait plutôt des… »

16
DÉCEMBRE

8 h 38 16 h 54

Ste Alice

…Amis

Une Info par Jour

JOHNNY HALLYDAY

Si on chantait ?
Complétez les paroles :

« Qu'on me donne le froid pour que j'aime la flamme. Pour que j'aime ma terre qu'on me donne l'exil. Et qu'on m'enferme un an pour... »

...Rêver à des femmes

17
DÉCEMBRE
8 h 39 16 h 54
St Gaël

Une Info par Jour

JOHNNY HALLYDAY

Si on chantait ?
Complétez les paroles :

« J'ai une indigestion de disco. Et tous ces crooners qui me tapent sur les nerfs. Et le rétro... »

...J'en ai vraiment ras le bol

18
DÉCEMBRE

8 h 39 16 h 55

St Gatien

Une Info par Jour

JOHNNY HALLYDAY

Si on chantait ?
Complétez les paroles :

*« J'en parlerai au diable.
Si l'heure vient à sonner. De m'asseoir
à sa table. Et dire… »*

19
DÉCEMBRE

8 h 40 – 16 h 55

St Urbain

…Ma vérité

Une Info par Jour

JOHNNY HALLYDAY

En 2002, Johnny est au départ du Paris-Dakar, accompagné de René Metge. Résultat : 46e au classement général sur 117 concurrents classés. Johnny fait l'unanimité des concurrents par sa gentillesse. Il n'hésite pas le soir à chanter au bivouac.

20

DÉCEMBRE

8h41 16h56

St Isaac

Une Info par Jour

JOHNNY HALLYDAY

Si on chantait ?
Complétez les paroles :

« Je n'ai pas eu de père pour me faire rentrer le soir. Et bien, souvent ma mère travaillait pendant la nuit. Je jouais de la guitare assis... »

21
DÉCEMBRE

8 h 41 16 h 56

Hiver • St Pierre Canisius

...Sur le trottoir

Une Info par Jour

JOHNNY HALLYDAY

« C'est ma dernière cigarette, mon dernier verre de rhum, j'ai droit à deux minutes, pour la prière des hommes. On m'en a jamais apprise, et j'ai peur comme un enfant, Oh Dieu, que cette aube est grise, pour mourir maintenant. » *Sauvez-moi*, 1972

22
DÉCEMBRE

☀ 8 h 42 ☀ 16 h 56

Ste Françoise-Xavière

Une Info par Jour

JOHNNY HALLYDAY

23
DÉCEMBRE

8 h 42 16 h 57

St Armand

Une Info par Jour

JOHNNY HALLYDAY

Si on chantait ?
Complétez les paroles :

« Pardonne-moi. Si les silences au fond de moi m'ont rendu… »

24
DÉCEMBRE
8 h 43 16 h 58
Ste Adèle

Sourd…

Une Info par Jour

JOHNNY HALLYDAY

« J'm'appelle Jean-Philippe Smet, je suis né à Paris, vous me connaissez mieux sous le nom de Johnny. » C'est avec ces premiers mots que Johnny va conquérir la France en vendant 815 000 exemplaires du 45 tours *Que je t'aime/Je suis né dans la rue.*

25

DÉCEMBRE

1969

8 h 43 16 h 58

Noël

Une Info par Jour

JOHNNY HALLYDAY

26
DÉCEMBRE

8 h 43 — 16 h 59

St Étienne

Une Info par Jour

JOHNNY HALLYDAY

C'est fait ! Jade a désormais une petite sœur, prénommée Joy et âgée de 5 mois. Johnny et Laeticia l'ont adoptée au Vietnam.

27
DÉCEMBRE
2008

8h44 17h00

St Jean

Une Info par Jour

JOHNNY HALLYDAY

LE SAVIEZ-VOUS ?

Selon un sondage TNS-Sofres, la chanson *Marie* est la chanson préférée des Français, toutes générations confondues.

28
DÉCEMBRE

8 h 44 17 h 00

Sts Innocents

Une Info par Jour

JOHNNY HALLYDAY

Johnny a encore une fois retourné sa veste musicale. Après les hippies et sa chanson *Jésus Christ*, il se met au country-rock avec *Hey Lovely Lady*, qui se vendra à 504 000 exemplaires. Sacré Johnny !

29
DÉCEMBRE
1975

8h44 17h01

St David

Une Info par Jour

JOHNNY HALLYDAY